リベラル・デモクラシーの現在

——「ネオリベラル」と「イリベラル」のはざまで

樋口陽一
Yoichi Higuchi

岩波新書
1817

はじめに――『比較のなかの日本国憲法』(一九七九)から四〇年

この本で「リベラル・デモクラシー」と言うとき、戦後、つまりポスト一九四五年のいわゆる西側デモクラシーの基準、ゆるい意味でそういうものを考えて、話を進めます。「デモクラシー」については、一つの公共社会の構成原理として考えます。人びとがとり結ぶ公共、近代ではその典型が「国家」ですが、より一般化して言えば公の事柄。それを構成し動かすのは誰か、ということです。Republic という言葉の源はラテン語の res publica ですが、まさに公のコト、公のモノをその構成員自身――それがデモス=人民だとすればデモクラシーになるわけです――の意思によって運用していくという建前です。典型的には選挙という形をとります。

もう一方の「リベラル」は、「基本権」と言われているものを考えて下さい。それを「人権」として構成するか、最初から実定法的なものと考えるかの違いはあっても、いわゆる基本権です。その中心は、ここでの文脈で言えば思想の自由、表現の自由ということになります。

その両方をゆるい意味で含んだものとしての、リベラル・デモクラシーです。国家を前提として言えば、一方では、その国民が決めるということ(＝決定方式)。他方ではしかし、その国民も決めてはならない何かがある(実質価値)。この二つをゆるい意味で包み込んだものとして「リベラル・デモクラシー」という言葉を使うことにいたします。

一九七九――リベラル・デモクラシー普遍化の予兆

私が最初に岩波新書を書いたのは一九七九年で、『比較のなかの日本国憲法』という本です。そのあと、ちょうど一〇年後の一九八九年、この年は日本流に言えば「平成」の始まりでしたけれども、世界を見渡すなら、東西和解が成立し、リベラル・デモクラシーの普遍化に見えた一つのピークの時期となります。それから更に三〇年後の現在、あとで詳しく取り上げますけれども、「イリベラル・デモクラシー」という言葉が使われるまでに様相が変わってきています。

念のため、私が新制中学から新制高校に入った頃に使っていた研究社の *Little English-Japanese Dictionary* で見ますと、《illiberal》という形容詞の意味として、「教養のない」、あるいは「偏狭な」というような言葉が出ています。「非自由」とか、そういう言葉は出ていません。もっぱら《liberal》の「理解の広い」「寛大な」という意味を引っ繰り返したような言葉が出ています。

さて、少し戻りますけれども、一九六〇年代から七〇年代にかけて、日本はまさに高度成長に突き進んでいく。そして日本の経済力が異例の早さで成長して、「ジャパン・アズ・ナンバーワン」というような言葉が盛んに言われるようになります。世界を見渡すとどうかと言いますと、先ほど一九八九年の話をしましたけれども、七〇年代後半に入ると、いわば、その予兆がもう始まっていました。東西の厳しい対立がゆるんできます。いわゆる平和共存の方向が見えてくる。南北問題で言えば、「発展途上国」のテイク・オフということが言われる。

七九年の本で私は、専攻が比較憲法ということもあって、比較の物差しとして「型」と「段階」という問題を、本の最初のほうに出しておきました。「型」というのは一番単純な意味で言えば、国民性とか民族性というようなものが大きなウェイトを占めるような、ものの見方です。それに対して「段階」ということになりますと、数字をも伴う目に見えるような形で言えば、経済ということになります。そして経済について言えば、日本の知識層にとって戦前以来、マルクス主義者であろうとなかろうと共通の素養とされてきた経済観からすれば経済＝生産関係ということになり、資本主義＝西と社会主義＝東の接近という捉え方ができたし、当時有力になってきたいわゆる近代化論、これは生産関係というよりは生産力の水準を問題にするわけですが、発展途上国の離陸が語られる。そういう全てが前向きに見えた状況の中で、リベラル・デモクラシーというあり方の普遍化が展望されていました。そのような座標の中で客観的に見て、日本は自分自身をどう位置付けたらいいのか、という問題意識があったのです。

一九八九――人権宣言二〇〇年

私にとって二番目の岩波新書は、一九八九年の『自由と国家』です。一九八九年は、フランス革命、定冠詞つきの「ザ・人権宣言」とでも言うべき、「人および市民の諸権利の宣言」の二〇〇周年に当たりました。そして国際政治の上でも、ソ連(当時)の指導者ゴルバチョフとシュワルナゼの「新思考外交」路線が登場し、七九年本に書いた時に方向性が見えていた展望が、ここで結節点に近づくというような感じの年でした。但し、その年の六月に天安門事件が中国で起こっていて、すでに一つの大きな問題が顔を出していたということを、忘れてはなりませんが。

その中で日本は「経済大国」のピークにあって、いわば段階を上りきった、もはや国外に学ぶものはないという雰囲気でした。しかも「段階」的なものの見方を突き抜けて、日本という

「型」がよかったからこその「経済大国」なのだという、型の見地の居直りとでも言っていいものが出始めていたことが重要ですけれども、まずはとにかく段階の見地で日本が頂点にまで来た、アメリカにもヨーロッパにももはや学ぶものはないという、今考えてみると不思議と言うべき雰囲気が、政界や論壇に漲っていた時期です。

その年、天安門事件は六月でしたけれども、七月一四日のフランス革命記念日前後にパリで行われた大きな学際的な国際会議で、私は報告をする機会がありました。論壇とか思想の世界の先端的な論調は、冷戦の終りとリベラル・デモクラシーの勝利の中での祝祭的な雰囲気と裏腹なのですが、近代西欧の自己批判が一番の基調にあって、ポストモダン、ポストコロニアル、ユーロペシミズム、ひと言でいえば西欧中心主義の見方への批判が、広がっていました。もちろん西欧の自己懐疑は古くから議論されていて(近くは第一次大戦を経験した世代のシュペングラー『西洋の没落』)、それはまた西欧思想の強みでもあったのですけれども、自己懐疑にとどまらず、もはや西欧中心の見方は古いのだという、そういう状況でした。それに対して私は意識的に、改めて近代、したがって一七八九年の理念を擁護する、あなた方が捨てようとしているものこそ擁護するに値する価値があるのだということを、「四つの八九年」というテーマにのせて報告の要点としたわけです。

その時点＝一九八九年から遡って二〇〇年前の一七八九年、これは偶然ですけれども、そこからさらに一〇〇年前のお隣のイギリスのBill of Rights（権利章典）の一六八九年、加えてもう一つ、日本から見てこそ気がつく一八八九年という後発近代国家の大日本帝国憲法。そういう並べ方をした上で、繰り返しますけれども、物わかりよく西欧近代を相対化するのが西洋知識人の傾向であったのに対して、それは南の権力者たちによって抑圧されている人たちの足を引っ張ることになるのですよ、という中身の話をいたしました。一週間にわたるその会の一番最後の最終セッションで、フランスの長老歴史家モーリス・アギュロンが私の報告の意味を受けとめてくれて、かなり長いパッセージをそのまま読み上げた上でコメントをしてくれました。その限りで敏感に受け取ってくれる人たちはいたということになります。この報告についてはあとでもう少し詳しく触れることにします（↓Ⅲ1）。

一九九九——「ポスト近代」からの問いに対して

最後にもう一つ、一九九九年の新書になりますけれども、この時は『憲法と国家』という題名にいたしました。これはむしろ憲法論の中身に問題を絞り、直接にはここでの主題のリベラル・デモクラシー、西側デモクラシーをもっぱら念頭に置いて、一方で一八世紀近代啓蒙以来のオーソドックスなリベラル・デモクラシーのありようを問題とし、他方では近代の枠組みを少なくとも相対化する議論をとりあげました。丸ごと近代を否定する議論とは対話不可能ですが、土俵にのってくれるような議論を相手に、一九九九年時点での世界と日本を見渡して、自分の考えを述べたのです。なお、世紀の変わり目に当っていた同じ時期に世界と日本で展開を見せていた、時局的な諸問題に即した比較考察を、『個人と国家――今なぜ立憲主義か』として公刊しています(二〇〇〇、集英社新書)。

一九七九年から二〇世紀まで一〇年刻みの、三冊の岩波新書が問題にしたのはそういうことだったということを、新しい読者の方が本書を読んでくれるだろうということを期待しつつ、予め述べておいた次第です。

それでは二一世紀に入って世界規模の大状況はどう推移してきたか、日本での問題を含めてその意味をどう読みとるか、それが以下Ⅰの主題となります。

Ⅱでは、その日本社会の「戦後」を、一九四五年八月一五日を挟むひとりの知識人自身の行動と発言を通して、考えることにします。

その上でⅢで、Ⅰの座標に戻って、日本近現代の憲法体験の特性の意味を、それゆえにこそ持ちうるはずのモデル性を問いながら考えてみようとします。そこでは、Ⅰ・Ⅱで直接には扱わなかったけれども戦後憲法体験を言うときに不可欠な二つの問題群、日本国憲法第九条（戦争放棄）と第一章（天皇）にも言及することになりましょう。

目　次

I

リベラル・デモクラシーの展開、そしてその現在

——一九四五—一九八九—二〇一九

0　前提：「リベラル」の論理と「デモクラシー」の論理

――「リベラル」の制度化としての「立憲」

必要な限りで近現代を遡るとして、特に一九四五年から今までのおさらいをしましょう。その中では、一九八九年が、「はじめに」で述べたように、意味を持つ中仕切りになります。

まず前提として、この本の冒頭で簡潔に要約しておいた、「リベラル」の論理と「デモクラシー」の論理についての私の理解を、確認しておきましょう。言葉の使い方の争いで不毛な議論になるのは人文社会分野の世界では常なものですから、私はこういう意味で使うのだ、ということです。

私の言葉づかいからすると、リベラルとデモクラシー――片方が形容詞で片方が名詞ということは別にして――は、論理上は別次元の話です。リベラルは権力からの自由、権力からの解放という点がエッセンスです。但し、同じリベラルという言葉がアメリカ合衆国とヨーロッパで使われ方が同じでないことには、注意しましょう。アメリカでは政治の分野で中道左を「リベラル」と名指すことが多いのに対し、ヨーロッパ大陸(特にフランス)では経済の座標で中道右を「リベラル」と呼ぶのが普通だからです。

それに対しデモクラシーは、そのもともとのギリシャ語の語源通りデモス＝人民に関連します。権力構成の原理として、デモスの名による決定ということです。

「コンスティテューショナリズム」に対応するものとして「立憲主義」という日本語がありますが。「憲法」＝constitution の本質的役割を権力への制限と考える普通の理解を前提とするならば、「リベラル・デモクラシー」は「立憲デモクラシー」と重なります。

トクヴィルの「デモクラシー」＝個人の自由

ここで一つ、脇道に見えますけれども大事なことですので触れておきたいのですけれども、ゆるい意味でリベラル・デモクラシーについて議論をする際に言及されることが多い、とりわけ最近多い典型的なものとして、アレクシ・ド・トクヴィル（一八〇五―五九）がいます。その主著の一つ『アメリカのデモクラシー』は岩波文庫で新しい訳が出ています（松本礼二訳、第一巻（上・下）、第二巻（上・下））。そのデモクラシーというのはどういう意味で使われているかというと、何よりもアリストクラシーに対するデモクラシーなのです。身分制支配に対するデモクラシーです。

言うまでもなくトクヴィルは、彼自身がアリストクラシーの身分に属していた。身分制がフランス革命によって少なくとも法的、制度的には解体されるという体験をした彼自身が、アメリカを見てデモクラシーを語るわけですから、ここで彼が言うデモクラシーは、何よりもアリストクラシーに対するものです。それも身分間の平等ではなくて、身分自体からの解放なのです。身分自体から解放されるということは、個人の成立ということです。明示的に言うか言わないかは別として、身分から解放された個人になります。これこそが私の言葉づかいからしますと、まさにリベラルの主体です。それが近代的意味の自由の主体なのです。トクヴィルは、身分制自体からの解放ということを核心にしたデモクラシー、それを鍵概念にすることによって、自由の主体としての個人、これこそが近代コンスティテューショナリズム＝立憲主義の核心だということを明らかにした。そのことが、私にとっては一番大事な点です。

他方で、コンスティテューショナリズムの原点は、日本では義務教育の段階から教えられているイギリスの「マグナ・カルタ」(一二一五、最終版は一二二五)です。これはまさに身分制を前提としていますからデモクラシーとは初めから別の話ですし、何よりも、個人の自由ではなくて、身分間の相対的な自由、その意味で中世的自由なのです。「マグナ・カルタ」の場合、具体的には国王に対する封建貴族の自由ということです。ですから、近代コンスティテューショナリズムと、近代以前の「マグナ・カルタ」の中世コンスティテューショナリズム、そのそれぞれが持つ意味の違いが重要です。そうであればこそ、いわば、近代の危機に際して中世が呼び出され、場合によっては表に出てくる。民意の喝采を受けて暴走するヒトラー独裁に対し、総統暗殺を企てて失敗に終ったフォン・シュタウフェンベルクが身分的名誉の伝統を象徴する人物だったことは、悲劇的な一例です。中世的自由が「君、君たりて臣、臣たり」という相互誠実関係の名誉意識の上に成立していたことを、私は思いうかべます。

この論点は形を変えて、これから話が進む中にしょっちゅう頭を出すことになります。ここであえて横道に入りましたのは、そういうことを、書き手と読者の間の一つの共通認識にしておきたいからなのです。

「リベラル」と「デモクラシー」――両立可能性と衝突可能性

本筋の話に戻りますと、私の言葉の使い方からすると、リベラルとデモクラシーは、論理上はあくまでも別次元の話です。別次元だからこそ、歴史の中で具体的には両立もするし衝突もする。両立する場合がまさにリベラル・デモクラシーであり、立憲デモクラシーなのです。大まかに理解すれば、これがポスト一九四五年の西側諸国の世界基準ということになります。

ところが、リベラルとデモクラシーは衝突もし得る。現在まさにその局面で、説明はあとで詳しくしますけれども、リベラル・デモクラシーがイリベラル・デモクラシーとぶつかっているという状況が出てきます。イリベラル・デモクラシーは、こちらこそ本物のデモクラシーだぞと言うことによって、リベラルを後退させる、あるいは消してしまおうとする関係になるわけです。

衝突する場合の一番典型的な例として挙げるのに適切なのは、カール・シュミット（一八八八―一九八五）です。彼は二つの世界大戦に挟まれた戦間期の前半に、冴えた仕事を次々にいたします。議会制論としては、一九二三年に本を出し、二六年の第二版（『現代議会主義の精神史的状況』樋口訳、岩波文庫）が現在でもドイツで刷を重ねています。この議会制論は、まさにリベラルとデモクラシーがむしろ対抗関係にある、あるいは対抗関係にあることこそが本質的なことなのだという枠組みを設定して、確かにいろいろ鋭い分析をしているのです。近代議会制は、まさにリベラリズムの制度化であるということによって歴史的な存在理由を持ったのだ、ところが、実際には両大戦間期の現代においては、その前提を失って形骸化してしまっている、というのです。近代議会主義はデモクラシーと対立関係にあって、もはや議会制民主主義、リベラルとデモクラシーとの両立関係はないのだと、こういう主張だったのです。

C・シュミットと「書く技術」

同じ時期(一九二八)に、シュミットは、憲法学の体系書《*Verfassungslehre*》(『憲法理論』尾吹善人訳と『憲法論』阿部照哉・村上義弘訳がある)を出しており、この段階では、リベラルとデモクラシーの両方、議会制と民主主義の両方を取り込んだ体系を提示しています。この本で彼は、デモクラシーを近代憲法の政治的構成要素、リベラルを法治国家的要素として説明しています。政治的構成要素というのは主権論であり、主権の一体不可分性ということになりますし、法治国家的要素のほうは、基本権で、当然のことながらそれに伴って権力分立の要素が入ってくる。その両方を取り込んでいます。

レオ・シュトラウス(一八九九―一九七三)という現代哲学史では重要な人物が、「書く技術」という言葉で、あることを問題にしています。要するに、いろいろなことを考慮して書く技術、ということです。フランスの政治思想史研究者のオリヴィエ・ボーが、シュトラウスの「書く技術」というものの見方をシュミットに当てはめて、リベラル・デモクラシーへの攻撃の仕方を論評しています。本当は真っ向からそれを攻撃したいのだけれども、ワイマール憲法の下での大学の憲法学講座の担当者として、それを正面から表に出すことはあえてしない。現に在る憲法を学生に対して説明しなければいけない、という実定法学者としての自己拘束を課しているのがこの憲法学の体系書だ、という見方をしていますけれども、いずれにせよそれは一九三三年までのことなのです。

一九三三年、ナチスの政権獲得と同時に、シュミットは、今度は頭からリベラルを全否定する。全否定するのにデモクラシーを正当化基準にする。現実にヒトラーは、ともかくも選挙を通して政権を手にすると大量宣伝手段を駆使して圧倒的なデモスの支持を動員し、批判勢力を一掃します。他方で制度的にも国民投票、直接投票を連発して、その都度九十何パーセントという支持を獲得するのです。それこそまさに、リベラルの要素とデモクラシーの要素が歴史上衝突した典型例ですし、両者はまたいつでも衝突し得る。それを少しずつ小出しにしてきた形が、今のイリベラル・デモクラシーということになりましょう。

1　ポスト一九四五憲法基準としてのリベラル・デモクラシー
――〈リベラル〉デモクラシーとリベラル〈デモクラシー〉

リベラル・デモクラシーのA型＝イギリス　「マグナ・カルタ」

ポスト一九四五憲法基準としてのリベラル・デモクラシーというとき、リベラルに力点を置くのか、デモクラシーのほうに力点を置くのか。それが極端にぶつかる場合はここでは差し当たり排除するとして、もともとリベラル・デモクラシーの型には二つの源泉がある、というのが私の理解です。便宜上前者をA型、後者をB型と言っておきますと、A型はリベラルの制度枠組みの中でデモクラシーへの流れが推し進められてくる、という型です。その典型が、一二一五年のイギリスの「マグナ・カルタ」を源泉とする型です。マグナ・カルタの自由は、中世封建制の権力構造を前提にして、そういう伝統の上で身分相互間に成り立つ自由、そういう意味での自由なのです。封建貴族たちが当時の国王に迫って一定の特権を約束させるわけですから。この枠組みの下で、イギリスについて言えば一六八九年の Bill of Rights（権利章典）が出てくる。権利章典の文言自体「王国の貴族および庶民の権利」とあるのですから、人一般としての個人を権利主体と考える「人」権という定式化ではないのです。

その流れの下でイギリスの憲法・憲政史を説明することができます。イギリスの憲法として一九世紀末から二〇世紀半ばにかけて、日本から見て人々が認識していたのは、ダイシー（一八三五―一九二二）の古典的書物が描き出していた憲法像でした。一八八五年初版の『憲法研究序説』です。イギリスでは憲法典としてまとまったものはないので、学説が憲法のすがたを体系化して示すのです。大学の法学教育では、法典がないわけですから、ダイシーの書物が、二〇世紀の前半までは、他の国であれば法典が果たすであろう役割を担っていたのだ、ということがよく言われてきました。

「国会主権」の伝統とEU離脱問題

そのダイシーが示してくれていたイギリス憲法は、一六八九年権利章典の文言とは既に違っていました。

というのは、ダイシーの本の冒頭の章は《Parliamentary Sovereignty》（国会主権）なのです。もともとは King in Parliament の主権、国王と貴族院と庶民院の一致した意思が王国の最高の法となる、ということなのですけれども、タイトルは端的に《Parliamentary Sovereignty》と言っています。これは、「マグナ・カルタ」に始まる流れの中で、それと論理的には違うものになっています。封建諸侯間の身分的特権の確認だった中世コンスティテューショナリズムが、近代的な意味での、国民が選んだ国会が国家意思を最終的に決める、という姿に変わっているということです。

ダイシーの本の第二章は、《Rule of Law》という章になります。この「法の支配」は、国会主権と同じことを言っているのではないのです。Law という言葉は、普通日本人ならば国会のつくった法律というふうに考えるのですけれども、それは国会主権のほうで決まっている話で、この Rule of Law の Law は、「マグナ・カルタ」以来の法伝統なのです。イギリスでよく使われてきた、「国会は主権者だ。男を女にし、女を男にする以外全てをなし得る」という言い回しがあります。性転換など考えられていなかったころの表現ですが、要するに国会制定法は万能だということでしょう。一方でそう言いつつ、しかし何か伝統としての Law があって、それを破ることはできないのだという、それが第一章と第二章をつなぐまさにイギリス的な関係になっているのです。だけれども、基本は国会主権なのです。

しかも、実はダイシーは、「法的主権」が国会にあることを強調しながらも、「政治的主権者」は選挙民(electorate)だという言い方を既にしています。こうなると、他の国で国民主権という表現で念頭に置くものと違いがないことになります。Brexit(イギリスのEU離脱。その可否を問うた二〇一六年国民投票は五二パーセント対四八パーセントで離脱賛成が多数)をめぐる混迷は、問題の実質のむずかしさもさることながら、政治家たちの思惑と計算が複雑にからみ合って、収拾困難な事態をもたらしました。論理から言うと、国民投票をしたこと自体が、あるいはするにしても、あくまでも参考投票だという前提を明確にしていなかったことが、混迷の出発点になっているのです。建前は国会主権だったはずです。EC↓EUから脱け出したいというのも、国会主権が妨害されているということがもともとのアピールだったわけですから。リベラルの枠組みの中でデモクラシーへの流れがあり、その流れを文字通り国会主権で固定するか、それとも有権者主権——従って国民投票の優位——というところまで押し詰めて理解するのか、ということが問題なのです。

混迷の中でボリス・ジョンソン首相が登場し、彼の考えるEU離脱を強行するために行なった国会停会(形式上は、女王大権の行使のための首相の助言)を違法とする最高裁判所の全員一致の判断(二〇一九・九・二四)が出されるという事態に及びましたが、そのことについては、別の文脈で改めてとりあげます(↓Ⅲ3)。

B型＝フランス　「憲法制定権力」

それに対してB型のほうは、デモクラシーによって近代以前との断絶を果たした上で、リベラルがそれに重なって加わっていく。歴史の複雑なプロセスを単純化することになるのですけれども、敢えて図式化するとそういうことになる。こちらの典型はフランスです。一七八九年宣言で近代以前との間に明確な断絶を置き、しかも憲法制定権力という鍵概念が出てくる。「マグナ・カルタ」のほうは伝統社会の中で形成されてきた規範なのですけれども、それを全面的に引っ繰り返して新しい法秩序をつくるのだというのが憲法制定権力です。それを明確な形で主張したのが、革命前夜に公にされたシィエス『第三身分とは何か』（稲本・伊藤・川出・松本訳、岩波文庫）です。

憲法制定権力という鍵概念が登場してきたのは、白紙から新しい法秩序をつくるという考え方ですから、まさに断絶そのものということになります。革命が急進化して、よく知られているような展開をするのですけれども、事実上の流れの急進化とはまた次元の違ったところで、それ以前に論理の問題として、法秩序としてそこで断絶する。アンシャン・レジーム（近代以前の旧体制）は身分制ですから、それを全否定する。全否定することによって、個人が登場する。個人が登場するから、まさに「人」権宣言なのです。一七八九年七月の「人および市民の諸権利の宣言」です。そこで「人権」とは、身分的な特権を全否定して個人が担い手になる、そういう意味で「人」権なのです。中世立憲主義に対する近代立憲主義そのものの特性です。

加えて言えば、俗に「人権宣言」と簡単に言われていますけれども、正式なタイトルは「Homme および Citoyen の諸権利の宣言」です。citoyen の訳は「公民」が本当はふさわしいと思うのですが、私自身を含めて「市民」と訳すのが定訳化していますから、ここでも「市民」でいきますけれども、それは、身分制の枠から解放された諸個人が自分たちで公権力をつくる場面で問題になる存在なのです。市民の権利の典型は投票です。公事＝公共の事柄（ラテン語で res publica）にかかわる場面で問題になるのが市民あるいは公民の権利であって、一七八九年宣言は条文によって、人の権利の部分と市民の権利の部分とがわかるように配列されています。この宣言は、現在の「フランス共和国憲法」の一部として扱われ、憲法院による合憲・違憲判断の基準をなす法規範とされています。

なお、ラテン語の res publica からヨーロッパ系言語に共通する république, republic, Republik……という表現が出てきて、日本語では「共和国」と訳されますが、その原意は君主の有無とは別であることに注意しましょう。J・ボダン（一五三〇―九六）の《*De la République*》は、君主のあり方を論じた本です。日本でも中江兆民が既に、「政権ヲ以テ全国人民ノ公有物ト為シ一、二有司ニ私セザルトキハ……皆「レピュブリカー」ナリ」と喝破していました。その意味での「共和政治」の到達度が今なお問われています。

リベラルの要素としての違憲審査制

フランスは、大革命から一〇〇年近く、いろいろな政体が交代します。プロイセンとの戦争での敗戦によりナポレオン三世の第二帝政が倒れてできた新しい体制、一八七五年の憲法は「第三共和制憲法」と言われていますけれども、これでようやく君主を持たない政体が安定する。そして第二次大戦後の一九四六年憲法(第四共和制)、そして現在は一九五八年の憲法(第五共和制)になっています。

長い間フランスでは、法律の違憲審査制度を嫌ってきました。憲法制定権力の主体である国民が、議会を通して立法権を行使する。それを裁判官が、憲法に照らして審査するとは言っても、必ずそれは憲法を解釈することになるからです。アメリカでは早くから言われてきたことですが、合衆国憲法の優越性、最高法規性というとき、しかし何が憲法なのかは最高裁判所の九人の裁判官が決める。憲法に限らず、法は解釈された上で適用されます。当然、日本の最高裁判所も含めて、そうなります。

そうである以上、何が憲法かの最終判断権を裁判官に与えるのは、憲法制定権力を国民のみが持つという大前提に反する、という考えがフランスではずっと支配的でした。一九五八年の現行憲法になって、しかもその役割は憲法の条文上はっきりしていたわけではないのですが、七〇年代以降の憲法の運用の中で、「憲法院」という強力な機関(「憲法評議会」と訳されることもある)が、基本権を支えるのだとされています。そのように、デモクラシーが近代以前との明確な断絶を画した上で、その後の経過の中でリベラルな要素が加わっていく。

日本近代憲法史にとってのドイツ

日本の近代憲法史はA型で始まりました。但し、その言い方には説明が必要です。大日本帝国憲法(一八八九)にとって直接のお手本は一九世紀ドイツ文化圏の立憲君主制であり、それは中世立憲主義の系譜を引いていたけれども、イギリスと違って、「国会主権」のもとでデモクラシーをも生み出す、というところまでは行っていなかったからです。一九世紀のドイツ帝国の統一は一八七一年です。ドイツは一八七一年の憲法で初めて、それぞれの領邦国家がドイツ帝国という一つの国家をつくった。日本が一つの統一国家として成立したのは一八六八(明治元)年ですから、日本のほうが何年か早い。日本の場合には、憲法の制定は一八八九(明治二二)

年で、幕末から戊辰戦争、西南戦争を経て自由民権闘争と続く間に、歴史家にとっては非常に実り豊かな研究対象となる、しかし歴史そのものの当事者にとっては惨憺たる流血を含めた時期が、あったわけですけれども。

旧憲法の制定にあたっては、直接ドイツ、オーストリアの学者といろいろな接触がありました。一九世紀のドイツでは、Konstitutionalismus（立憲主義）という言葉は、Parlamentarismus（議会中心主義）の対語でした。お隣のフランス、さらにその向こうのイギリスは、この二つの国の間での違いはありますけれども、どっちももうすでに一九世紀の後半は議会中心主義になっていました。その意味でパーラメンタリズムになっていたのに対して、ドイツはコンスティテューショナリズムです。ドイツ皇帝は権力の実質を手中にしていますから、まだパーラメンタリズムというふうにはいかないわけです。

そういうドイツ流のコンスティテューショナリズムをモデルとした明治初期の日本の政権中枢にとって、「立憲ノ政体」、「立憲ノ政」がキーワードでした。一八七五（明治八）年、元老院、大審院、地方官会議への詔書は、「民情ヲ通シ公益ヲ図リ漸次ニ国家立憲ノ政体ヲ立テ汝衆庶ト倶ニ其慶ニ頼ント欲ス」と述べています。立憲という、リベラルの枠組みの中でやがて大正デモクラシーという、国民主権ではないけれども「デモクラシー」という言葉が使われるまでの状況がつくり出されるようになるのです。

ここでその後のドイツの歩みを一言しておきましょう。ドイツは第一次大戦に敗れて一九一九年ワイマール憲法で国民主権を宣言しますが、民主制の運用に失敗し、ナチズム体験を経た第二次大戦後の「ドイツ連邦共和国基本法」(制定当時は西ドイツの憲法)は、第一条で「人間の尊厳」の「不可侵」を強調することになります。「デモクラシー」に復帰すると同時に、「リベラル」をより強調したことになります(「すべて国家権力は国民から発する」という型での国民主権の宣言は第二〇条二項)。

アメリカ――イギリス国制の実質を継受

イギリス、フランス、ドイツと見てきましたから、アメリカについて簡単にでも述べておきましょう。一八世紀末、本国イギリスに対し独立(一七七六)した北米諸州が制定した合衆国憲法(成立一七八八)は、王様のかわりに大統領を戴く共和制を創りました。トクヴィルの言う「デモクラシー」は前述のように反身分制であり個人を基礎とするものでしたが、身分制のかわりに人為的な「アリストクラティク」な要素が、重要な意味を託されることになります。司法権と連邦制がそれです。いわば法服貴族の共和制版によって担われる司法が rule of law を確保します。連邦制は封建領主による分権に対応する。そのようにして、イギリスの国制伝統の実質が継受されることになります。

日本近代にとっての「立憲ノ政」

明治の日本にとっては欧米列強に追いつき追い越すということが至上命題で、そのためには、軍事力、その背景にある工業力、経済力の近代化を一所懸命、強引に推し進めていかなければいけない。しかし当時の指導者たちは、そういうものが前提なしに築かれるものではないのだということを、十分認識していました。政権中枢を網羅した岩倉米欧使節団（一八七一―七三、久米邦武『米欧回覧実記』(一)―(五)、岩波文庫）のように、実際に見聞して肌身にしみたのは、社会の近代化というものを伴わなければ富国強兵はとても無理だ、という認識です。「今魯国（ロシアのこと）ヲ除クノ外君主若クハ民主ノ国ニシテ開明旺盛ヲ以テ聞ユル者ハ皆立憲ノ政ヲ用ユ」（元老院、一八七八）、という時代認識です。それに加えて、もっと緊急に突きつけられた課題として、幕末に列強との間に結んだ不平等条約の改正に取り組む必要がありました。

こうして、「立憲ノ政」を整備するということが至上命題だったわけです。ですから、大日本帝国憲法＝一八八九年憲法制定の実質的なリーダーシップをとった伊藤博文、さらにそれを支えて実質的なライターだった井上毅《こわし》という人たちの残した言葉の数々を見ても、立憲政治というのをやらなければいけない、それはどういうことなのだろうか、ということを理解していました。私もすでにいろいろなものに引用していますが、ここはどうしても重ねて書いておく必要があるのです。

伊藤博文の、「憲法ヲ創設スルノ精神ハ第一君権ヲ制限シ第二臣民ノ権利ヲ保護スルニアリ」という言葉は、今でも大学の教養課程の憲法科目の試験の模範答案になるでしょう。しかも、伊藤がこれを言った会議の中で、のちに憲法発布の日＝二月一一日(一八八九)にナショナリストの暴漢によって刺されて亡くなる森有礼文相が反発して、臣民の権利を条文に書いてはいけないと言うのです。それはウルトラ保守派の発言ではなくて、まさに正反対の立場からでした。森に言わせれば、「臣民ノ財産及言論ノ自由等ハ人民ノ天然所持スル所ノモノ」であって、法により与えられるものではない、法に書くと法を改正すればなくなってしまうから、というのですから、これは今ふり返ってみて驚くべき問答なのです。

井上毅はどうでしょうか。憲法発布と同じ時期に「教育勅語」を出すということが問題になった時の、「教育勅語ニ付総理大臣山縣伯へ与フル意見」があります。井上は法制局長官ですが、表紙に自筆で、「与フル意見」とあります。肝心なところを言いますと、「今日ノ立憲政体ノ主義ニ従ヘハ君主ハ臣民ノ良心ノ自由ニ干渉セズ(中略)今勅諭ヲ発シテ教育ノ方向ヲ示サルヽハ政事上ノ命令ト区別シテ社会上ノ君主ノ著作公告トシ看ザルヘカラズ」(漢字は新字体に直してある)。これは「政事上」のことではないのだ、と言うのです。なぜならば立憲政体の主義に従えば君主は臣民の良心の自由に干渉してはならないのだ、と。そのようなものとしてつくられた教育勅語をどういうふうにして世に伝えるのか。甲乙二つの方法がある。「甲ハ文部大臣マテ下付セラレ世ニ公布セズ」、教育の責任者が心得ておけばいいことだ、と。「乙ハ演説ノ体裁トシ文部省ニ下付サレズシテ学習院カ又ハ教育会ヘ臨御ノ序ニ下付セラル(政治命令ト区別ス)別紙ハ右乙ノ積ニテ試草仕候……」(『井上毅伝　史料篇第二』井上毅伝記編纂委員会)と。

これが明治の近代化の責任を担った、もとはといえば多くは下級武士だった、新しい政治エリートたちの認識だったのです。

明治憲法をどう読むか――「立憲」対「非立憲」

井上毅を引き合いに出したのは直接は教育勅語についてですけれども、帝国憲法はそういう人たちが日本近代化の出発点にしようとしてつくったのです。ですから憲法の第一条以下の本文は、まさに当時の一九世紀後半のヨーロッパ基準に沿ったものでした。よく第三条の「天皇ハ神聖ニシテ侵スヘカラス」が言われるのですけれども，それはドイツの憲法伝統です。しかも，フランス革命直後の最初の憲法，一七九一年憲法の国王の位置付けに由来しているのです。フランス革命後，国民主権を前提にした上で王様を置いていた一七九一年憲法は，国王は不可侵かつ神聖(inviolable et sacré)としています。これは，法的な用語としては，国王は訴追されないということを言うための決まり文句なのです。ですから，神聖不可侵という帝国憲法の条文を含めて，決して日本独特の精神論を盛り込んだようなものではない。そうであるなら，一九世紀後半の列強がひしめき合う中で，新しく参入してきた大日本帝国が自己主張できるはずもなかったでしょう。

もちろん，そうでない考えの人も指導層の中で力を持っていたわけですから，憲法本文に前置きされた告文《こうもん》では，憲法発布のことを皇祖皇宗，天照大神に遡る神様に報告するという文章がつけられています。しかし第一条以下の本文は当時の一九世紀の立憲政治基準です。だからこそ，一九一〇年から三五年までの間，東と西のアカデミズムを代表していた美濃部達吉(一八七三―一九四八)，佐々木惣一(一八七八―一九六五)といった人々による憲法理解に従って国政が運用されることになるのであり，それは伊藤や井上の憲法理解を展開したものというふうに大雑把に言っても，決して見当違いではないのです。そういう状況の下で帝国議会での議論では、立憲か非立憲かという議論がしょっちゅう熱っぽく展開していたわけですし、政治史専門の政治学者吉野作造(一八七八―一九三三)は、「民主」という言葉を使わないで「民本主義」を語ったのですけれども、世間はそれを「デモクラシー」という言葉で受けとめました。それがまさに大正デモクラシーだったのです。

一九三五年から四五年までの間に、「立憲」という言葉もどこかに忘れられていました。みんなが忘れたわけではありませんけれども、二〇〇〇年代になって初めてメディアの世界に復帰してくる。大学で法学教育を受けたはずの国会議員が、別に恥じることなく「そんなことは初めて聞いた」ということを言うようになった。

戦前についての私の見方を少々くわしく述べたのは、そういう点を十分に認識しておかないと、戦後デモクラシーということの意味が不分明になってくるからです。

戦後――民主主義的傾向の「復活強化」

戦後デモクラシーは、ポツダム宣言の受諾によって始まります。宣言の文言の中で、政府がやるべきこととして「日本国国民ノ間ニ於ケル民主主義的傾向ノ復活強化ニ対スル一切ノ障碍ヲ除去スベシ」とありました。「復活強化」と言っているのは、まさにリベラル・デモクラシーのリベラル、すなわち立憲という枠の中で準備されていたデモクラシーをきちんと再整備すべきだということです。

憲法という、書かれた文章だけを連想するような言葉をあえて避けて私流に言えば、「一八八九年体制α（アルファ）」と「一八八九年体制β（ベータ）」と言えるでしょう。前者は美濃部が代表する天皇機関説が通説化する一九一〇年から一九三五年までの時期、要するに大正デモクラシーを中心に挟んだ時期です。それに対し後者、一九三五年から四五年までの時期を分けて考えるとすると、ポツダム宣言が何を意味したのか。

このαとβの対比は、法体制を運用の場面で問題にした場合のことです。法体制の基礎にある社会構造は、αとβを通して貫通しています。もとより変化を遂げながら、しかし貫いていました。だからこそ、民主主義的傾向の「復活」のためだけにも、農地改革や家族法改革ほか一連の社会改革が求められたのです。

さて、そういう意味での一八八九年体制αと一八八九年体制βなのですが、前者との関係で、まさに復活強化なのです。後者との関係では断絶ということにならざるを得ない。したがって、現行憲法の制定の経緯等々については触れないことにしますけれども、一八八九年体制αとβを区別して考えるならば、こうなります。まず一九四五〜四六年の時点、つまり敗戦直後の時点では、直近のβとの断絶を、当然のことながら強調する必要があった。戦後憲法学を主導することとなる宮沢俊義が貴族院議員として憲法案審議の際に、帝国憲法の「国体」はポツダム宣言受諾によって既に変更されたのだ、と説いて「八月革命」という言葉を使ったのは、法的意味での断絶、切れているという意味です。「革命」という言葉は説明が必要で、人々の意識の上で果たして革命的な変化が起こったかどうか、というのはまた別の問題です。法的な連続性切断という意味で理解する限り、八月「革命」であるということは幾ら強調しても強調し足りなかったはずです。

しかし同時に、戦後七〇年以上経った今日では、一八八九年体制αとの「復活強化」関係を適切に認識しておく必要があります。とりわけ二〇一二年総選挙以後の政治の状況の中では特に強く認識しておく必要があるのではないか。というのは、言い古された「押し付けられた憲法」、日本国民とは無縁なものを敗戦によって押し付けられたという主張が、相変わらずというよりは、ますます強く主張されていて、歴史に関心を持たない、とりわけ近現代史に関心を持たない人々を、的確な認識から遠ざけてしまう。そういう意味では、一八八九年体制αとの復活強化関係という認識を、もっと深めていく必要があるのではないでしょうか。

デモクラシーの「復活」＝議会制と「強化」＝国民主権

一九四六年憲法はまさにリベラル・デモクラシー体制です。「デモクラシー」の要素のうち復活強化の「復活」という点は、議会制についてまさに当てはまります。一八八九年体制下の帝国議会がいかに活力ある言論活動をしていたかということは、近年の国会状況からは想像もできないぐらいでしたから（大須賀明・樋口編『憲法の国会論議』はその一端を跡づけている）。

「強化」とは言うまでもなく、民主主義を国民主権という形で明確化したということです。戦後、在野の知識人七人（憲法の専門家として鈴木安蔵がいた）による「憲法研究会」が、一九四五年一二月二七日に憲法草案要綱を公表しており、そこでは、「日本国ノ統治権ハ日本国民ヨリ発ス」という形で国民主権をすでに明示していました。「主権」という言葉を憲法に使うのはフランス型の定式で、ドイツ語圏では、現在のドイツ連邦共和国の、基本法という名前の憲法でも「すべて国家権力は国民から発する」という表現です。そういう表現に従ってのことですけれども、一九四五年の年末に日本の知識人たちの憲法構想は、そういう形で国民主権を文章化していました。

その一方で、一九四五年の段階で立憲主義憲法学を代表していた美濃部達吉も佐々木惣一も、国民主権を明示するという考え方は持っていませんでした。美濃部の場合は改正不要論ですし、それとの対比で佐々木の場合を言えば部分改正です。いずれも、言うなれば民主主義的傾向の復活強化のためには改正することなしに、あるいは部分改正にとどめて、その中でやれることをやるのがいいという主張だったでしょう。そういう一般的な雰囲気があり、国民主権を明示することについては、憲法案が議論されることになる帝国議会の場を含めて、抵抗が少なからずありました。憲法担当の金森徳次郎国務大臣が、一所懸命いろいろなレトリックを使って納得させることが必要なぐらいであったということは、今も心得ておく必要があります。それとは別に、逆説的なことですが、当時それだけ抵抗があったにもかかわらず、国民主権というものが持つ一面がその後の七十余年の間にいわば肥大し過ぎてきて、選挙結果万能の多数決主義民主制が生じてくる。この両方を客観的に認識しておく必要があるでしょう。

「リベラル」の核心=個人の尊厳

リベラル・デモクラシーのリベラルの要素の核心は、憲法一三条です。「すべて国民は、個人として尊重される」。さらに二四条は家庭生活の場面での個人の尊厳というふうに、「個人」という言葉が憲法の条文の中にはっきりと登場してくることになる。一三条では、自己決定の主体としての個人が念頭に置かれ、他者による制約から解放された個人が定位されます。同時にその個人の自己決定は、個人の尊厳という二四条の掲げる実質価値を危うくしてはならない、という緊張関係の中に置かれるのです。憲法第三章の編成をここで改めておさらいはしませんけれども、思想、良心(一九条)、信教(二〇条)、表現(二一条)の自由、これらは言ってみれば心の自由、近代のリベラル・デモクラシーの一番の核心部分ですけれども、これを明示する。他方では、生存権(二五条)、労働基本権(二七、二八条)、教育を受ける権利(二六条)など、「自由権」に対して「社会権」というふうに言いならわされる一連の権利、こういう二つのものをあわせた基本権の体系が、憲法典の中に示されます。

そういう社会的権利が憲法の明文で保障されていることの裏からの支えとして、経済活動の自由については、憲法二二条一項(居住移転、職業選択の自由)、そして二九条二項(財産権)で、個別条文としてはこの二カ条に限って「公共の福祉」による制限ということが明示されます。心の自由についてはそういう限定条項なしの規定であり、お金の自由、経済的自由については、その条文についてだけ公共の福祉による限定がされている。あとで別の文脈で多少とも立ち入ることにしますけれども、アメリカの違憲法令審査について、裁判所による憲法の解釈運用を整理する議論の中で使われることになる二重の基準という考え方を、日本国憲法は憲法の条文自身が明示しているということになります。そういう基本権の体系を究極のところで束ねるものとして、憲法一三条に、個人の尊重という一番基本的な核になる考えが明示されているのです。

そういう基本権保障体系を裏付けるものとして、一連の社会改革が進行します。農地改革、労働運動の法的な保障、それから言うまでもなく家族法改正による女性の地位の解放、加えて独占禁止法体制による自由で公正な経済競争を支える枠組みというふうに、いずれも、農民や労働者や女性や中小企業という社会的弱者の役割を健全に展開させるための枠組みとしての社会改革立法なのです。このうち幾つかのものは戦時体制の中で、戦時動員の必要上、すでに別の形で始まっていたものもあります。そのことも付け加えておく必要がありますけれども、ともかく一連の戦後改革が、個人の尊重、そして諸々の基本権カタログの実質を担保するものとして推進されたのです。

利益集団リベラリズムの正と負

こういうリベラル・デモクラシーの枠組みの中で、実際にどういう状況が展開していったか。政治の運用の中では、いわゆる一九五五年体制です。私は特に外国で講義をしたり学会報告や講演をする時に説明するのが常でしたけれども、一九五五年の「保守合同」から一九九三年まで続いた「五五年体制」は一種の多党制であって、決して自由民主党の単純な一党支配ではなかった。というのは、自由民主党という名前の政党は実は、典型的には「三角大福中」時代の五つの派閥ですけれども、わかりやすく言えば五つの小さな政党の連合体でした。それぞれ独立の財政を持ち、独自の党首を持ち、それぞれの肝煎り役は事務総長と呼ばれ、独自の建物ないし事務所を構え、中選挙区制の下でそれぞれの選挙活動を行う。これは明らかにヨーロッパ基準から言えば実は五大政党で、その外側に議席の三分の一をほぼ一貫して占める野党もいるというわけですから、四〇年近く続いたのは一種の多党制であった。決して一党支配体制ではなかったのだということを説明してきました。

戦後、世界的に「黄金の三〇年」、経済成長の三〇年間があったと言われています。日本はドイツよりちょっと遅れてですけれども、やはりそのような三〇年間——一九六〇年代、七〇年代、八〇年代——が来ます。そういう中で、一種の利益集団リベラリズムと言っていいようなものが展開します。それはまた、それに伴う裏の面として、憲法で宣言されていたはずの「個人」が集団の利益の中に埋没する。日本全体が打って一丸の集団となるというよりも、諸集団がそれぞれ利益集団として活動し、そのそれぞれの中に個人を取り込んでしまう。

ともあれ、戦後日本はそういう一つのリベラル・デモクラシーの型をつくった。決して日本が飛び外れて別の立派なことをやっていたわけでもないし、駄目なことをやっていたわけでもない。それが、五五年体制についての私の認識です。

それは高度経済成長によって支えられていました。原資を利益配分のレールにのせることによって有権者をつなぎとめるというプロセスが機能できたのは、原資というか、元手をつくり出すことができたからです。もちろんそれは決して偶然ではなくて、朝鮮戦争、ヴェトナム戦争を指して、恥かしげもなく戦後復興のための「神風が吹いた」というような言いまわしがありましたけれども、そういうアジアの民衆の犠牲に支えられていたということを忘れてはならないし、より大きく捉えれば、冷戦体制の中でパックス・アメリカーナ(米国優越下の平和)の囲いの中での話でした。しかし、そういう囲いの中でも、日本は国益をそれなりに主張し、日本国憲法を楯にして外からの軍事的要求に抵抗してきた、ということも忘れてはいけない要素なのです。

ともあれ、六〇年代、七〇年代、八〇年代を通して、日本は国内におけるそれなりのリベラル・デモクラシーをやってきた。そして、一九八九年段階では、もはや外国に学ぶものなしというふうな、経済力から言っても、いわばその頂点に上り詰めた。下降が始まってからも、まだ金持ちでしたから、屈折したナショナリズムにはまだなっていなかった、ということではないでしょうか。

それが日本を含めた西側のリベラル・デモクラシーの話ですけれども、次に「国境を越えるネオリベラル」、そしてその中で「イリベラル」が出てくることを、問題にしなければなりません。

2　国境を越える「ネオリベラル」化の中の「イリベラル」
――非西欧世界からの拡散

「二つのデモクラシー」？

一九四五年から六〇年代ぐらいまでの間、世界を西側から見渡せば、リベラル・デモクラシー対独裁、それが東西対立だという見方でした。その中でしかし、私が一九六〇年にフランスに留学して聴いたジョルジュ・ヴデル教授(一九一〇―二〇〇三)の憲法の教科書(一九四九)は、「二つのデモクラシー」、という言い方から出発していました。実定憲法の大教室での初年度講義の内容として、です。デモクラシーの「古典的」観念と「マルクス主義」観念のそれぞれが「自由」を標榜しながらも、前者は個人の自己決定、後者は社会集団の自己決定を意味し、その選択は世界観――Weltanschauung という言葉で記憶に残っています――によるのだ、というのです。ヴデル教授はのちに憲法院のメンバーとして同院の憲法裁判所への変貌を主導し、法学者として全く異例なアカデミー・フランセーズ会員にもなった、戦後学界の長老です。

二つのデモクラシー、「古典的デモクラシー」と「マルクス主義デモクラシー」を、まずカテゴリーとして出す。これには背景があるのです。フランスは、国内で言えば、ド・ゴールからフランス共産党まで含めた抵抗運動(レジスタンス)が戦後の出発を支えました。国内での抵抗運動と国外から抵抗を指導したド・ゴールの存在があればこそ、瞬く間にヒトラーに降伏したフランスが戦勝国の立場に立つことができたのですけれども、国際的に見て決定的だったのは、米ソの軍事力です。ノルマンディー上陸作戦が象徴的ですし、東部戦線で言えば、スターリングラードでドイツ軍を敗退させ「ベルリン陥落」を果たしたのはソ連軍ですから、米ソを「二つのデモクラシー」という観点から見る見方が、フランスの知識層の間ではかなり共有されていたということでしょう。それは、一九六〇年のパリでヨーロッパの第二次大戦をいわば追体験した私の実感でした。

「一九八九年」の高揚と暗さの予兆

現実政治としては、ヨーロッパを主な舞台として米ソの冷戦が第三次世界大戦の一歩手前まで行く危機状況が続くのですが、一九七〇年代の東西緊張緩和を経て、一九八九年にはリベラル・デモクラシーの普遍化の方向が見えてくる。同時に「歴史の終わり」というふうなジャーナリズムの場面での極め言葉が出てきたりもする、客観的に言えば傲慢に見える、そういう雰囲気でした。国際政治上も、一九八九年という境い目に引き続いて、東西ドイツの再統一に加え、ソ連圏に属していた東ヨーロッパまでが急速にNATOの西側軍事力の勢力圏の中に吸収されて行く。ですから、祝祭的雰囲気にもかかわらず、やがてやってくる緊張へと暗転していくものが内包されていた、と見ることもできたのではないでしょうか。

より構造的には、急速に展開し始めていたネオリベラリズムです。その方向が、八〇年代に、イギリスで言えばサッチャー政権、アメリカで言えばレーガン政権によって強行されることになります。ネオリベラルは二つの面を持っています。一つには、国境をまたぐ思想や表現の流通の桎梏が取り払われたということです。当時これは素直に、ポジティヴに受け取られた。もう一面として、ドル紙幣と金融が国境をまたぎ、あるいは国境の規制をなぎ倒す形で濁流となって、まさにグローバリゼーションが進行してゆきます。フランス人はモンディアリザシオン(mondialisation)と言いますけれども、やはりグローバリゼーションという英語表現のほうが何となく感じが出るでしょうか。

ネオリベラルの拡がりとリーマン・ショック

そういう中で、いきなり飛びますけれども、二〇〇八年のリーマン・ショックが、ネオリベラルにとって肝心な意味を持つ経済的な分野で、その破綻の可能性を明るみに出しました。他方で、思想表現の自由な流通というもう一つの側面については、たしかに、ネオリベラル登場の当初、素直にプラスに受け取られました。これは、それ以前の、国によって呼び方は違うのですけれども福祉国家システムのもとで、人間生活の中で国家という重しの役割が余りにも強く感じられ始めていたことの反動、という側面があります。こうして、「より少ない国家の出番」を求める言説が論壇の流れになってきます。本来リベラリズムというのはそういうことを要求していたはずですから。

そういう中で私にとって意外だったのは、ミシェル・フーコー(一九二六―八四)が八〇年代初期の段階で、かなりネオリベラル的なのです。より国家の重しが少なくなるということは、人々の幸せにとっていいことではないか、と。しかし実はネオリベラリズムは、レーガン政権、サッチャー政権の強力な国策によって、日本でも「規制の岩盤にドリルで穴をあける」必要を政治家が強調したように、強行される必要があった。福祉国家システムがうまく整備されていた国家であればあるほど、強力なドリルが必要になるでしょう。ネオリベラル体制を推進するためには、実は強力で継続的な国策、政策努力が動員されるのだということを、その最初期には見誤った向きも多かったのではないでしょうか。

ともあれ、やがて深刻な問題を露呈させることになるような要素も含みながら、リベラル・デモクラシーへの方向が普遍化していく。ひとつの例ですが、ヨーロッパ会議(Council of Europe 欧州評議会という訳もあり)がバックアップする「法による民主主義のための委員会」、通称ヴェニス委員会が、東欧圏諸国で一党独裁を解体して新しい憲法をつくり、新しく議会制度や選挙制度を仕立て直すという時期に、「法による民主主義、法の支配 Rule of Law と法治国家 État de droit の原則」を広めていくために、助言者の役目をするのです。ヨーロッパ会議の加盟国からの参加が主体ですけれども、オブザーバーとして日本も顔を出さなければいけないということで、私自身四～五年連続して、ヴェニス委員会に出席して報告し、討論に加わった経験があります。

言葉としてのイリベラル

しかし、リベラル・デモクラシーへの方向が東側へと拡がっていく一方で、まず、その周辺でいろいろ困難が起こってきます。イリベラル・デモクラシーと呼ばれるもので、この言葉が流通するようになるきっかけは、アメリカの著名な雑誌『フォーリン・アフェアーズ』の一九九七年の一一―一二月合併号にのった論説(Fareed Zakaria, The Rise of Illiberal Democracy)です。一九九七年の論説ですから、八〇年代に進行してきたネオリベラリズムが全貌を現わすようになる時期と符合することに、留意しておきましょう。筆者がイリベラルの具体例として挙げたのは、バルカン半島のボスニアの選挙でした。確かに選挙はするのだけれども、筆者の言葉を使うと《racists, fascists, separatists》、そういう人たちが選挙で多数を占めてくる、そのことによって当然のことながら、リベラルの要素が潰されていくという、その現象をとらえて、この論説を書いたのです。

言葉としてのイリベラルということについては「はじめに」で簡単に触れた通りですけれども、政治思想研究者のリュシアン・ジョームは論文で、あたかも世間ではイリベラル・デモクラシーという言葉が非常に珍しいように扱われている、とコメントしています。ザカリアの論文は確かに意味のある論文です。そういうことを初めて『フォーリン・アフェアーズ』という、広く目に触れる媒体で公にしたわけですから。しかし、この言葉自体は古いのだということをジョームは書いています。形容詞としては一四世紀にもう出ているというのです。一九世紀には名詞化されているという。いずれもラテン語のイリベラリス、つまり「寛容さを欠く」という含意で、前に触れた英和辞書の説明と通ずる意味合いです。それがイリベラルです。辞書と言えば、そのようなデモクラシーのありようを表現する《démocrature》という言葉が、ラルース辞典の二〇一九年版に出ています。独裁＝dictature になぞらえた表現で新しい語法です。

さて、『フォーリン・アフェアーズ』の論文は「ウィルス」という言葉を使って、イリベラル・デモクラシーが言うなればウィルスのように広がっていくことを、憂慮するのです。差し当たりこの筆者が取り上げた段階ではバルカン半島という、新しくリベラル・デモクラシーに参入してきた地域でのことでしたが、実はもっと一般性を含んでいたことになります。つまり、イリベラル・デモクラシーが、いわば「未熟な周辺」どころかまさにリベラル・デモクラシーの本拠地だった所にまで及び、そのウィルスがどこまで広がるか憂慮されるような事態になってきたのです。それは現在よく報道されるポーランド、ハンガリーから、北欧さらにはＥＣの原初加盟国まで及び、加えてリベラル・デモクラシーの生みの親だったはずのイギリスのＥＵ離脱(Brexit)をめぐる混迷も無関係ではなさそうですし、言うまでもなく大西洋を越えてトランプ現象があります。

イリベラルというウィルス

イリベラルという「ウィルス」汚染は、そのように、「南」から「北」へ、「東」から「西」へと、リベラル・デモクラシーの本丸に向けて拡がってきています。

「南」から「北」への方向は、一八世紀以来のリベラル・デモクラシーの展開が、植民地支配の基礎の上に成り立っていたことへの報復という、客観的意味を持つでしょう。加えて二〇〇一年アメリカの中枢を襲った〈九・一一〉事件は、ネオリベラリズムが加速した貧困格差の世界規模の拡大への、端的な暴力による回答であり、「西」の内側での「自由より先に安全を」というイリベラル化を勢いづける成りゆきを導き出しました。

「東」から「西」に向かっての「ウィルス」伝播は、旧東欧社会主義圏解体の前後に遡って、「西」が「東の民衆の生き血を吸って」繁栄(フランスの歴史家フランソワ・フュレの当時の表現)してきたことへの代償、と見ることもできるでしょう。そしてその表現は、一九九〇年代以降の三〇年間に、暗喩を越えて一層あてはまります。『ル・モンド』紙(二〇一九・三・一一—一二)の大型調査記事「地政学——東欧、人口の苦悩」は、一九八九年以後一五〇〇万ないし一八〇〇万人が東欧から西ヨーロッパに移っており、ルーマニアの場合は人口の二〇パーセントを失った、と数字を挙げています。その人口移動は「西」の排外意識を刺戟する一方で、「東」の有能なエリート層の流出を意味し、そのことがまた、イリベラルな勢いを強め、「東」のデモクラシーを困難にしているのです。

そうした傾向は、それへの反発としての「ポピュリズム」を論壇の中心テーマに押し出すことにもなっているのですが、それについては、さまざまな問題に即してそれぞれの場所で言及することにします（→特にⅢ3）。

もっとも、いくつか国名を挙げてきましたけれども、それぞれ困難に直面する中でも抵抗があって、現象的に日本で報道されるような一面だけで私たちが同情すると、お門違いになるでしょう。二〇一九年一〇月一三日のポーランド議会選挙では四野党合わせての得票率は五五パーセントに達しており、同じ日のハンガリー地方選挙では国政与党が、二三の大都市のうち首都を含む一〇都市を失っています。

いずれにしても、大きな問題状況をとらえるときも、複眼でものを見ることを怠るわけにはゆきませんが、イリベラルの傾向が支配的な場合に共通していることは、まず、選挙という意味でのデモクラシーによらない多少とも独立した制度が、標的にされます。まず司法権、ヨーロッパの場合には日本やアメリカと違って独立した特別の憲法裁判所システムが多いですから、その場合は憲法裁判所です。そしてブリュッセルのEU本部、あるいはストラスブールのEU議会などが標的とされます。ブリュッセルやストラスブールの官僚たちがわれわれ人民の上に立っているのはおかしいじゃないか、ということです。それから、代表的なメディア。アメリカの場合にはニューヨーク・タイムズ、ワシントン・ポストが何よりも攻撃目標にされています。

フランスの、日本ではもうほとんど報道されなくなってきましたけれども、二〇一八年秋に始まったジレ・ジョーヌ(Gilets jaunes)という、黄色いベストを着た運動があります。これはなかなか複雑で測定が難しく、フランス自体でも見方が分かれています。その動きに便乗してひたすらに暴力を振るうというのは別の問題として、運動そのものの中に、報道一般、メディア一般、さらには自分たち自身が選んでいるはずの議員の身辺に物理的な圧力をかける行動までが見られています。行政府という権力中枢が相手であることはもちろんですが、より日常の場合で、本来自分たちの主張の中継ぎをすべき議員たち、あるいは報道記者たちに対して物理的な圧力をかけるという場面も見られています。「フランス革命もこうやって始まったのだ。しっかりした司令塔があってプログラム通りに積み重ねていくというふうな運動でなくて始まったんじゃないか」と言う人もいるくらいです(運動を触発した背景にある政治の流れの問題については五八―五九頁)。

日本の場合は――

そういう意味では日本はどうなのか。二〇〇九年の政権交代で、民主党政権は「官」に対する「政」の優位を、「民」の名において強調しました。例えば内閣法制局長官を国会で答弁させないということがありました。政治が決めるのであって、役人が口を出すのはおかしいということだったでしょう。内閣人事局によって「官」を「政」によって一元的に統制するという発想は、民主党も共有していました。二〇一二年以降の自民党政権は、その方向を一層推し進め、内閣法制局とか日本放送協会とか、霞が関の官僚制というふうな、選挙によって直接は動かされない機関を標的として、それらの自立性を崩していくという方向を大胆に進めています。大義名分は政治の優位ということであり、政治ということは要するに「民」の優位、国民主権の貫徹だということでしょう。

そのような文脈で考えるとき、二〇一二年の「自由民主党憲法改正草案」は、特に重要な意味を持っています。この「草案」は党内でその後棚上げされている形ですけれども、取り下げられているわけではない。「Q&A」によると、五十数回の会議を通して練り上げられたものです。私は率直に言って、一つの立場からするとよくできている、その意味で重要な意味を持ち続けている案と見ています。安倍首相が「ともかく改憲を」と急ぐのに対し、改憲論者の石破茂議員が、慌てて憲法改正など決してやってはいけないという、それとして筋の通ることを語っているのは、出している本来の案の持つ意味をよく認識しているからでしょう。この「草案」からは、イリベラル・デモクラシーを他国に先駆けて憲法規範化したい、という意味を読みとることができるからです（↓Ⅲ２）。

3 「イリベラル」＋「ネオリベラル」vs.「リベラル」

さきに触れたイリベラルとネオリベラル、いわばその連合軍がリベラル・デモクラシーに対する脅威となってくる、というところがこの節の主題になります。リベラル・デモクラシーは第二次大戦以後、西側諸国の共通基準となったのですけれども、その前のところを簡単に振り返っておく必要がありましょう。

近代自由の前提としての反独占

もともと近代リベラリズムの思想は、一八、一九世紀に形成され、国によってずれますけれども、一九世紀に憲法上のシステムとして形を整えます。

近代リベラル思想の代表的な一人として、日本では義務教育の教科書段階から、アダム・スミス(一七二三―九〇)という名前は、共通に知られているところでしょう。近代的意味での経済活動の自由は、何でもやりたい放題という自由ではなくて、近代以前に経済活動の自由競争を妨げていた要素を取り壊す、というところから始まらなければならなかった。西洋の場合で言えば「ギルド」と呼ばれていた、日本では例えば「座」というふうなものがあります。それへの参入が規制されていて、そういう枠組みが経済活動を制約していた。それを取り払う。歴史家は「反独占の自由」と言います。反独占は放っておいたのでは成就しませんから、権力を握った世代が担う政治勢力が、法的な手段で独占を壊し自由の前提をつくり上げるのです。

『国富論』と『道徳感情論』

反独占の自由のシンボルとされてきたのがアダム・スミスで、近代自由主義の経済論を代表する書物が《*The Wealth of Nations*》です。『国富論』(水田洋監訳、杉山忠平訳、岩波文庫)ですが、『諸国民の富』という標題の訳書もあります。同時に、今日では、これから述べることも常識になっています。スミスは、何よりもグラスゴー大学で倫理学の教授として講義をしていました。倫理学のほうではsympathy(共感)がスミスのキーワードです。書物としても、『国富論』は一七七六年刊行ですからそれよりも早く一七五九年に、『道徳感情論』(水田洋訳、岩波文庫)が出版されており、これも同時代には大変影響を与えたようです。

私はごく最近知ったのですけれども、フランス語訳が一七九八年で、コンドルセ(フランス革命の激風の中で自死を遂げた）の夫人ソフィー・ド・グルシーの手によって出されています。ですから、当時のヨーロッパで『道徳感情論』はすでに注目されていた。日本では何といっても『国富論』のアダム・スミスであって、もう一つの側面がかなり広い範囲で知られるようになったのは、そう古いことではないのですけれども。

そのように『道徳感情論』という背景を持つ論者によって想定される自由競争ですから、その点が近代以前の括弧つき自由経済、お金儲けの自由と違う。そのことは、カール・マルクス（一八一八―八三）とマックス・ウェーバー（一八六四―一九二〇）が、文脈は同じでありませんけれども共通に強調しているのです。マルクスは「ノアの大洪水以前の資本主義」と近代資本主義の違い、という表現をしていますし、ウェーバーは、違う観点からですけれども、歴史とともに古い金儲け活動を、現在なら使わない表現でしょうがParia-Kapitalismus（戦前の翻訳などはそのまま「賤民資本主義」と訳している本もある）と呼び、近代資本主義の論理はそれと違うのだ、というわけです。近代社会を特徴付ける資本主義、それに裏付けされているモノやマネーの自由であればこそ、思想、表現、言論、出版までをも含めた近代的意味の自由の一環でありうるのです。

「二重の基準」という考え方

一九四五年という区切りで改めてリベラルな価値というものが共通認識になった時に、一方で心の自由、他方でモノやマネーの自由の扱い方について、「二重の基準」という考え方が共有されるようになります。もともとは一九三〇年代、ニューディール期以降のアメリカの裁判例を受けとめた法律学の議論の中で一般化されてきた考え方です。ある法律がより上位にある憲法に違反するかどうかを裁判所が判断する時に、典型的には、言論の自由を制限する法律についての判断の基準と、経済的自由を制限する法律についての判断の基準が違っていいのだ、ということです。言論の自由を制約する法律を審査する場合には、厳格な審査基準を当てはめる。そうすれば、憲法違反としてその法律を退ける可能性が増えるわけです。他方、経済的自由については、立法府が法律をつくった際の判断、立法府の裁量を相対的により尊重する。尊重すれば合憲になることが多い。そういう文脈で「ダブルスタンダード」という言葉が使われるのです。

これについてはいろいろな議論があるのですけれども、私の理解では、言論の自由と経済的自由を比較して言論の自由のほうが価値がある、だから注意深く扱うというのでは必ずしもないのです。二種類の自由それ自体のどちらが偉いかという話ではなくて、自由を支える力の脆弱さを問題にするのです。放っておくと思想良心、言論の自由は傷つきやすい。お金の自由の方は、お金を持っている、それだけ強い立場の人の自由ですから、その両者の間には明らかに違いがある。ですから傷つきやすい方、弱い方に助太刀するという考え方なのだと、少し荒っぽく言えば、そういうふうに私は認識しています。

言葉としてはアメリカの憲法裁判の判例の中で形成されてきた考え方ですけれども、戦後のフランス共和国、ドイツ連邦共和国、イタリア共和国、そして日本国というように、同じような経済システムを共有しているこれらの国々では、それぞれの憲法典自身に、形式は全く同じではないにしても、その趣旨が織り込まれます。

日本国憲法について繰り返し言うならば、経済的自由についての条文、憲法二二条一項の居住・移転・職業選択の自由、二九条の財産権の保障、この二つについては、それぞれの条文(二二条一項と二九条二項)で、公共の福祉による制約に服するということが明文で書かれています。ほかの権利・自由を通して総論的にも問題とされる「公共の福祉」という言葉は憲法一二条、一三条に出てくるのですけれども、個別の権利・自由を列挙した条文の中で「公共の福祉」が改めて出てくるのは、この二カ所だけです。それ以外の条文では制約の可能性は書いてありません。思想良心の自由、学問の自由、言論の自由等々、皆そうです。これはまさに、二重の基準の考え方を憲法典自身の中に入れ込んでいるということです。もとより、「何をしてもよい自由」ではなく、それぞれの自由が内在的な制約に服することは前提としてのことですが。

独占からの自由――現代における意味

憲法二二条と二九条は経済的自由の条文ですが、さらに加えて、この憲法の条文の下で、近代の自由がヨーロッパで法的に確立する時とパラレルなことが起こってきます。戦後改革の一環としてつくられた独占禁止体制がそれです。国家からの自由を保障するだけではなくて、それが成り立つための前提として独禁法という法律をつくって、自由な経済競争が本当に行われる枠組みを提供する、ということを伴っているのです。

独禁法についてははじめ論争があって、日頃は憲法について論及しないような保守系の政治家や財界人たちの中で、独禁法は経済的自由を制限する法律だ、独禁法は憲法違反の法律だ、ということが主張されていた時期がありました。そうではないという独禁法自身の建前は、独禁法の条文自身に書いてあります。「公正且つ自由な競争を促進」(第一条)するということですから。独占禁止法を自由制限立法と理解するのか、自由促進立法として理解するのかという見方の分かれがあったのですけれども、私が話してきた論理からしますと、独禁法は、本来そうであるべき経済活動の自由を促進するために、独占する自由を国家が放任しないで法的な枠組みをつくる、という意味で自由促進立法だということです。

先ほどの公共の福祉による制約という話に戻しますと、財産権について、あるいは経済活動の自由について公共の福祉による制限を加えるのは、憲法二五条の生存権、あるいは二八条の労働基本権の保障と表裏一体の関係だと言ってよいでしょう。実際に、生活保護法とか労働組合法、労働基準法等々の法律がつくられました。そういう社会権的なものを裏打ちするという、コインの裏表になっているわけです。公共の福祉による経済活動の制限と、いわゆる社会的権利の承認という組合せです。そのこととは別にあえて独禁法の話を持ち出したのは、独禁法による国家介入は社会権の問題として取り上げるのではなくて、経済的自由そのものの問題としてとらえることが、問題の法的システムの体系性をより理解できることになるからです。

ひとつの転換——逆二重の基準

二重の基準と独占禁止が戦後西側憲法の共通スタンダードだったとすれば、それが動揺してくるのが一九八〇年代以降であり、当初は「保守革命」ということが言われていました。思想としてはそれ以前に、経済学のある学派、それから経済学に限らず社会科学に通底するような一つの考え方の流れが先触れをしているのですけれども、アメリカ(レーガン政権)とイギリス(サッチャー政権)という指導的大国の強力な政策システムとして、ネオリベラル、新自由主義が登場してくることになります。そうなりますと、二重の基準がいわば逆転して、逆二重の基準ができる。逆二重の基準というのは私自身の言い方ですけれども、どういう意味で「逆」二重の基準なのか。

定着していた共通基準からすれば、経済活動の自由、それは国家からの自由であると同時に、独占を排除するという意味では国家の関与すら必要とするものでした。同時にその反面として、社会権的なものを国家が立法を通して促進する。これがかつての二重基準ですけれども、今度は独占禁止体制を外しておおっぴらに独占する自由を認める。その際、国によって呼び方は違いますけれども、日本で普通に使われてきた言葉で言えば福祉国家システムが強く定着した国であればあるほど、ネオリベラルに対する抵抗は強いでしょう。そうであればこそ、「岩盤にドリルで穴をあける」政策努力が必要になってきます。

別の言い方でポスト一九四五年の共通基準をおさらいすれば、心の自由が近代自由の基本であって、マネーの自由のほうは社会的な制約に服するということであったのが、今やお金の自由を改めて解放する。これがネオリベラルの基本になります。それと、前の節（Ⅰ2）で主題としたイリベラル体制下での心の自由に対する制約が、しばしばくっつく形になる。これが逆二重の基準ということになります。これをほかならぬ日本について言うならば、戦後の二重の基準体制は、まさに一九四六年憲法自身です。逆二重の基準に見合うのが、自由民主党憲法改正草案（二〇一二年案）だということになります（→Ⅲ2）。

「五五年体制」から規制解除路線へ

二重基準と逆二重基準という私なりの見方を物差しにして、少し詳しく状況を見ておきましょう。一九四五年以降の戦後体制、特に日本の場合には一九六〇〜八〇年代という高度経済成長の枠組みの中での重心の置き方の対抗関係が、戦後民主主義を前提にした中での、当時の言葉で言う「保革」の対立であったでしょう。一方では中道左のソーシャル派が一九世紀型の典型的なリベラルを相対化する。他方の中道右のほうは、高度成長による分配すべき資源がありますから、また、とりわけアジアで長く続く冷戦の中で、いわば日本というお城の中の平和を維持することを利益とする観点から、一定量のソーシャルな要素を受け入れる。これがいわゆる五五年体制であったというのが私の理解です。

五五年体制は、当時の時点では「一党独裁」という言葉がメディアで使われていましたけれども、そうではなくて、日本なりの戦後民主主義システムでした(前出三〇—三一頁)。もちろん違いはありますけれども、基本的には西欧と異質な体制だったのではない。これは憲法に書いてあった建前がそうだというだけではなくて、現実の社会経済的、したがって政治的条件を、例えば日本とヨーロッパは共有していた。アメリカはちょっと違うにしても加えてもいい、そういう構図だったと理解できる。「黄金の三〇年」などと呼ばれる戦後の高度成長期がそれに当たり、日本は六〇年代に離陸して、八〇年代目いっぱいぐらいまで、その間のやはり三〇年だったと言えるでしょう。

一九八〇年代に入りますと、先ほど言いましたような、サッチャー、レーガン体制の下で、ネオリベラル、規制緩和路線が進行します。最初は「緩和」と言われていたのですけれども、次第にもっと徹底した規制解除によって、当然のことながら社会経済的な格差が広がる。それへの反発がイリベラルを生む。リベラルは、日本国憲法自身が典型的な戦後リベラルの憲法化だったと言えるのですけれども、ここへ来てネオリベラルとイリベラルによって挟み撃ちされる、という状況になります。古典的リベラルは、一八世紀以来の主知主義、啓蒙思想が基調にあると言っていいのですけれども、そういう近代に対する反近代ということになります。正統的近代に対する近代内部からの異議申し立ては、社会現象としては、広い意味でのポストモダンとして一九六〇年代のアメリカに最初に出てきました。これはリベラルの展開した一つの形ですけれども、いずれにしてもそれをも含めたリベラルに対して、ネオリベラルとイリベラルが挟み撃ちをする、という状況になっているのが現在でしょう。

ネオリベラル——唯一の選択肢？

具体的に政治過程、それも選挙という場面をとると、次のようなことが言えるのではないでしょうか。

選挙における争点は、それぞれの政党が明示的に出す力量がない場合でも、自ずと政党のカラーとして選挙民の前にあらわれます。政党が選挙民レベルにある潜在的なものをとらえ、きちんと編成し、適切なキャンペーンをやれば本来勝つでしょうし、そういうことを怠っていれば負ける。取り逃がす場合、例えばアメリカの二〇一六年大統領選挙で中道左派と言うべきヒラリー・クリントンが、より左よりのサンダースの支持層を取りこぼしてしまう。他方の共和党はどうかというと、伝統的な中道右としての共和党が、より右のトランプにみすみすしてやられてしまう、というふうな現象が起こります。

なお、その際、「左」、「右」それぞれが予備選挙を行って自分たちの候補を決めるという方式が――大統領選挙の際だけでなく、議院内閣制のもとで議会選挙に臨む党首を選ぶという形でも同じですが――一般化することが、複雑な効果をもたらすことが多い。予備選挙での激しい競り合いが公開の場で展開されればされるほど、本選挙での身内同士の結束がむずかしくなるからです。はじめから予備選挙というワナを回避して本選挙に出て成功する例も出てきます（二〇一七年フランス大統領選挙で当選したマクロンの行動には、そのような意味もあった）。

さて、そういう目で見ますと、多少繰り返しながらの説明になりますけれども、一九四五年以来の二重基準コンセンサスができていた場面では、社会的公正を掲げる政党と経済的自由の強調を掲げる当事者との間の距離が、相対的に縮小していました。距離が絶望的に離れていると中間の票の取り合いに敗けますから。その関係が日本では、本当は変な呼び方だと思いますけれども、「革新」と「保守」と呼ばれる両者の間に成立していました。言うまでもなく、前提となっているはずの政治システムを変えようというのが「革新」ですから、戦前で言えば例えば二・二六事件の青年将校や昭和維新が「革新」でしょう。五五年体制の一翼を担った日本型革新は、日本国憲法擁護の立場でしたから、「革新」と言うのは本来おかしいのです。けれども、これはもう定着した用語ですから、一方で「革新」、一方で「保守」、と言っておくのですが。

それが一九八〇年代になると、ネオリベラルを受け入れなければほかに選択肢がない、というふうに、座標が設定されてくる。かつては二重基準コンセンサスという言葉が言えたとしても、今や逆二重基準コンセンサスとまでは言えない。けれども、政治のプレイヤーは余儀なくそれを受け入れざるを得ないという場を強いられます。「ほかに方法があるか」という問いかけに答えかねてのことです。それに対して今ようやく、リーマン・ショック以後の体験の段階を踏んで、「ネオリベラル時代の終わり」という論調まで出てきていますけれども、少なくともこれまでのところは、選挙という舞台に登場する当事者たちは、余儀なく共通の前提を支えてきたのです。

「文化戦争」へのシフト

そういう状況のもとで、かつての「革新」、ヨーロッパ風に言えば左派は、ネオリベラル的な前提を事実上受け入れた上で利益の再配分を主張するという、難しい局面に立たされてきました。環境政策のためのガソリン税引き上げをきっかけとして、二〇一八年一一月から続いてきたフランスのジレ・ジョーヌ(前出四三頁)の運動の背景には、地方の公共交通機関が縮小され、クルマなしには生活不能という事情があります。この運動で一番頻繁に出てくる言葉は「購買力」という言葉です。パリの恵まれた階層が環境問題を重視することのワリを喰うわれわれが月末を何とか過ごせるようにしろ、という生活要求です。しかし、いずれにしてもネオリベラルを事実上前提にしますと、まっとうにそのような生活要求に応えることは極めて難しい。そのことがさらに、絶望的な社会の裂け目をつくるということになります。

実際、これまでもしばしば、政治のプレイヤーたちは、所得の再配分という難問から価値問題にシフトすることを、してきました。いわゆる文化戦争というものです。もともと文化、あるいは生き方にかかわる選択は、六〇年代以来アメリカで、妊娠中絶についての賛否の問題から生命倫理の問題全般に拡がって争われてきました。環境問題への態度決定も大きな争点です。そ表現が難しいのですけれども、開明的・進歩的な政策に対する推進派と阻止派の衝突です。それに対し反移民、伝統、ナショナル・アイデンティティを主張する側は、多文化主義に対する抗議を文化戦争として仕立て直します。こうして、社会経済的＝ソーシャルな争点から文化的、あるいは生き方の争点へのシフトが見られるようになります。social と区別して societal という形容詞は、この文脈で使われることが多くなります。

アメリカの場合——way of life の選択

一九六〇年代のアメリカで、それまでの支配的なキリスト教文化にあらがうカウンターカルチャーの生き方(way of life)が、社会でかなりの共感を得てきます。さらにそれに対抗するものとして、ジェームズ・デヴィソンの《*Culture Wars: The Struggle to Define America*》という本が一九九一年に出ています。新しい価値観が進歩の名において出てくるのに対し、価値観の相違に根を張る社会的政治的な敵対関係を「文化戦争」と呼んで、改めて伝統的なキリスト教的価値観を擁護する。これは九二年の大統領指名の共和党大会で話題になったと言われています。九二年は民主党のビル・クリントンが当選した選挙ですが、クリントンのカラーに対して伝統的な共和党の価値、それを著者自らが《Culture Wars》という主題をつけて出したのです。

アメリカで、民主党政権のジョンソン時代(一九六三—六九)のスローガンは《The Great Society》でした。トランプ大統領の「偉大なアメリカ」とまぎらわしいのですが、それとは逆に、アメリカ流福祉国家の標語です。ジョンソン大統領は、ヴェトナム戦争との絡みでは悪評高いのですけれども、内政的にはいい大統領だったと言う人も少なくないようです。そういうアメリカなりの福祉国家はあったにしても、その後はもはやネオリベラルが大前提になりますし、クリントン政権はネオリベラルを基調にしていました。そうであればこそ同時に、経済から文化・価値問題へむしろ重点をずらすことによって、多文化主義の担い手になるような人たちを前景に立てて、民主党の支持層を確保する。それが民主党の戦略だったわけです。social な問題から societal な問題への争点の移動という表現もできるでしょう。それに対する正面からの逆襲が、「文化戦争」宣言だったということでしょう。

政党の側から提供する争点として、民主党も共和党も共通に、多かれ少なかれネオリベラルを大前提とした上で、文化・価値問題を前面に出してきます。民主党のほうは価値問題を担うのはリバタリアンの人々だから、そこにネオリベラルが引き起こす経済格差の拡大に対処するソーシャルな要素があらためて食い込んでくると、支持層が股割きになる（二〇一六年のヒラリー・クリントン vs. サンダース）。その教訓から、あえてキリスト教信仰という文化次元からの社会正義の主張の両方を前面に押し立てることを通して有権者の social な要求に応える、という方向を示唆する議論も出はじめているようです。他方の共和党のほうは、ネオリベラルと伝統的キリスト教モラルで、ともかくもいままでまとまってきた。トランプとさえも調子が合わせられるのかなと見ておりましたら、ここへ来て共和党内部での亀裂もさすがに出てきているようです。

フランスの場合——価値問題と経済問題の交叉

ヨーロッパのほうはどうかと言いますと、アメリカよりはネオリベラルへの抵抗が相対的に強い。とりわけフランスは抵抗が強くて、ソーシャルな部分がアメリカより強く残りますから、図式はもっと屈折しています。ミッテランが一九八一年に政権をとって、最初は彼の本来掲げた看板通り、いったん基幹企業の国有化路線を取りますけれども、経済をコントロールできなくて再民有化を八〇年代半ばにやらざるを得なくなる。こうして、ミッテランのカラーは価値問題、文化問題の方に移ってゆく。典型的には死刑廃止です。フランスはEC原加盟諸国の中で最後まで死刑を維持していた国ですが、ミッテラン政権によって死刑廃止が実現します。それから、イスラム・スカーフ問題をきっかけとする、政教分離(ライシテ)、地方分権を含む分権化、そして憲法裁判所の活性化というふうに、争点はいずれも、直接には経済問題ではなかったのです。

価値問題で一定の支持を得たミッテランが二期一四年政権を維持できたのは、その争点が彼にとってはポジティヴに機能したからでしょう。しかし、状況が変わって、価値問題という分野それ自体の中で、政教分離を厳格に貫くか、それとも柔軟に解して宗教上の選択の自由な表出をみとめるか、立場が分かれてきます。どちらにしても、この土俵だと、端的にナショナル・アイデンティティを主張する、典型的にはフランスの場合にはル・ペン、父親から娘さんへとつながる――この二人のスタイルには違いがあるのですけれども――大きく言えば「極右」と言われている人々によって支持基盤が食われていく。社会党が大幅に支持層を失ってきたのは、その表現です。「左」の社会党に対して政権交代を「右」で担ってきた政治勢力(旧来の保守派とド・ゴール派を主軸とする)もまた、その支持層が「極右」に吸収され、存立基盤が脆弱になります。二〇一七年大統領選挙でマクロンが「右」「左」の局外から出馬してマリーヌ・ル・ペンとの決選投票を制したのは、一九八一年以降定着したかに見えていた二大勢力による政権交代モデルの疲労を示すものでした。

日本では？

そういう目で肝心の日本を見るとどうでしょうか。

次の頁の座標は、横軸で経済領域を念頭に置いてリベラル対ソーシャルの対抗を、縦軸で文化政治的な価値問題の争点を、基準にしています。五五年体制の下で、横軸にかかわる問題については一つの共同体制ができていました。当時は「日本は成功した社会主義国だ」というようなことを言う人までいたほどでしたから、少なくとも、二重基準という考え方がかなり共有

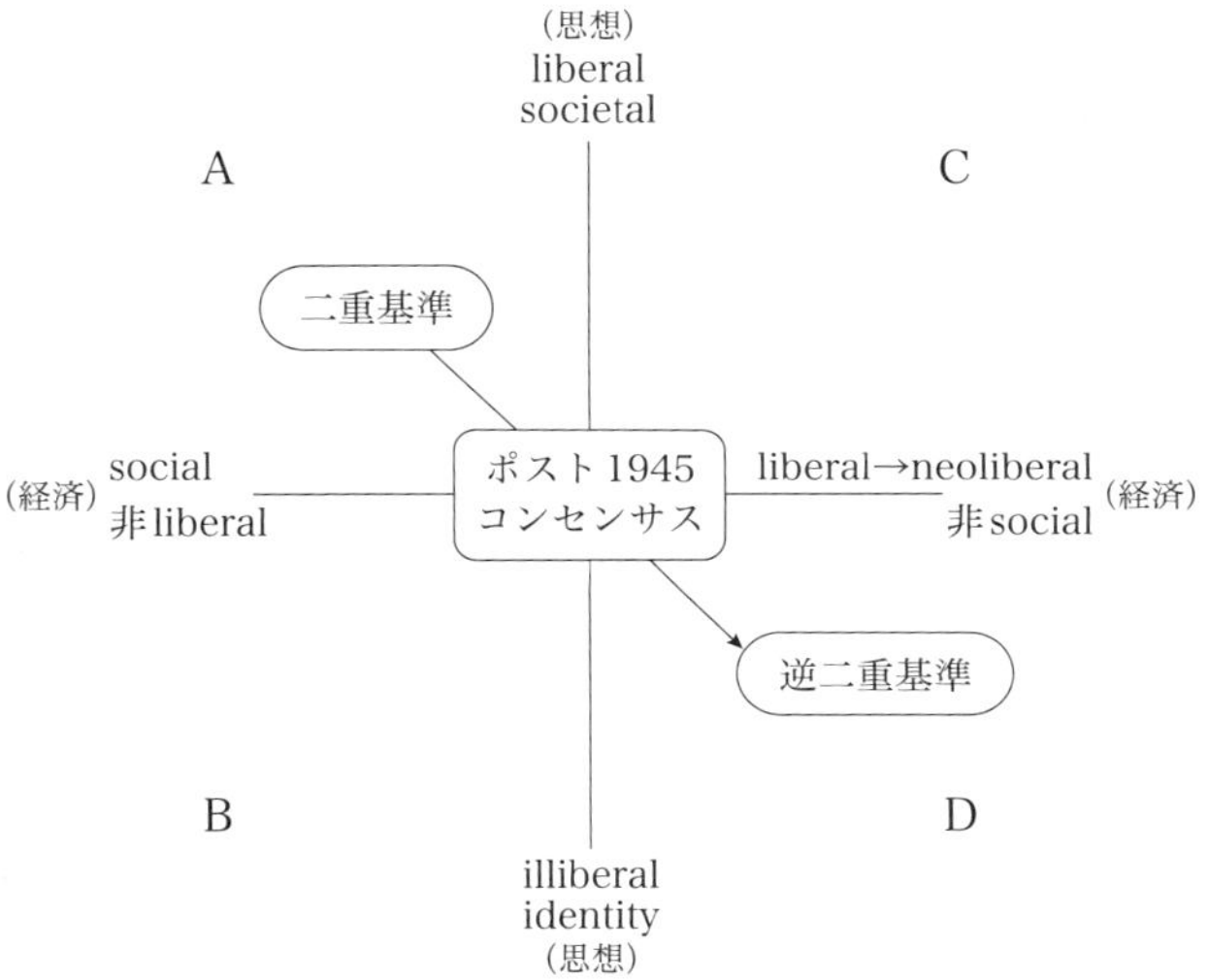

されていました。それが次第に、九〇年代に価値問題、文化戦争的な問題が争点に上ってくる。国旗国歌法がつくられたのは一九九九年でした。あの時の小渕恵三首相は五五年体制の枠内的な人ですけれども、もうすでにこのようなものが顔を出してきた。五五年体制下の自民党は、派閥のカラーによってA面とB面にまたがっていた、というのが私の見立てです。自民党の本流、左派、右派を含めて。それがひとかたまりの形をとってD座標に移った。これは、配分すべき利益の原資が枯渇してきたこともあって、もっぱら文化戦争、価値戦争に移行しようとすることを意味するでしょう。素直な形では「ニッポン」礼賛であり、攻撃

的になると「反日」非難でしょう。そして、その頂点にあるのが憲法という文化の「普遍」性に対抗するナショナル「アイデンティティ」の主張であり、その表現としての二〇一二年自由民主党憲法改正草案です。

つけ加えれば、日本で、B、Cの座標に位置を占める主張は、どんな形をとって存在しているでしょうか。Cのモデルはビル・クリントン政権ですが、日本の民主党政権がそれに近い要素を含んでいたかもしれないにしても、あまりに短い実験に終りました。Bは西ヨーロッパで「極右」と呼ばれる勢力がそれに当ります。日本ではひと塊の独自の議会勢力にまでは表面化していない現状です。

「ポピュリズム」への傾斜

イリベラル・デモクラシーはデモス＝人民、民衆の名において自己を主張します。その場面で多くの場合、「ポピュリズム」と呼ばれるような状況が見られます。主としてそれを批判、あるいは非難するというのが、洋の東西を問わず「ポピュリズム」という言葉の一般的な使われ方ですけれども、中にはみずからそれを名乗り強調するという立場もあります。論文を書く人の中では政治学者のシャンタル・ムフなど、興味深い議論を展開しています（↓III 3）。他方、登場してきた時はポピュリズムの対極にいる知的政治家と見られてきたマクロン大統領を「テクノポピュリズム」の開祖と見立てるレジス・ドゥブレの論評もあります。

言葉づかいは別として中身に即して言いますと、「ポピュリズム」と言われているものの多くは決して、本当にピープルが草の根から立ち上げているわけではなく、大衆煽動するリーダーがいる。それに比べて、日本は戦前ですらヒーローは必要なかった。イタリアの場合にはムソリーニの「ローマへの行進」という大々的な出来事がありましたし、ナチスは言うまでもないことで、「ニュルンベルクの大集会」など、ものすごい仕掛けをやってヒーローが大衆を扇動する。日本では、ああいう図柄は一度もなかったでしょう。

ムソリーニやヒトラーの時代の日本のことに戻りましょう。大きなきっかけになるのは一九三二年の衆議院選挙だったと私は見ています。もちろん国民主権ではなかったけれども、男性限りの普通選挙とは言え、選挙の意味は大きかったのです。一九三二年二月の総選挙で、立憲民政党の協調外交が軟弱外交として非難され、二カ月前に交代していた政友会政権が大勝する。選挙翌日の『東京朝日新聞』(二・二三)が「民政党の外交政策が必ずしも悪い訳ではないが」と言っているのは、対米英協調の幣原外交を指しており、それに対し「時局の進展に興奮し切った国民の多数は知らず知らず政友会の強硬論に引きずられた」と指摘する通りのことが、起こったのです。前年九月一八日、関東軍による満鉄線路爆破の柳条湖事件をきっかけに、中国大陸への軍事進出（「満洲事変」）が始まっていたのです。

第一回普通選挙実施（一九二八）のあと政党政治を主導していたのは立憲民政党でした。その時代のぎりぎりのところで言いますと、浜口雄幸首相や、浜口が東京駅頭で狙撃され重傷を負ったあと再登板した若槻礼次郎首相の名が知られていますし、衆議院議長の藤沢幾之輔は民政党の長老の典型的な「井戸塀」政治家でした。『朝日』の前掲記事は、「不景気対策に対してもまた同様である……この場合百年の長計よりも今日の暮しが大事である、……そこへ今度の総選挙である。理屈も何もあったものではない。実に政友会は無手勝流で大勝を博したも同然である」と結んでいました。この選挙後三カ月足らずの五・一五事件で政友会首相の犬養毅が殺され、政党内閣時代は終り、一九三六年の二・二六事件、そして三七年、「支那事変」と呼ばれた日中戦争の全面化へと進みます。

現在の日本に戻って言えば、極右のリーダーがポピュリズムを動員して政権を乗っ取ったケースとは程遠く、ヨーロッパ基準の言い方を当てはめれば極右（＝戦後価値秩序の否定）に当たる人たちが自由民主党の枠の中で党を握ったという形になっていますから、最も安定した外観をとっています。フランスやドイツさえも動揺しているのに日本は……という見方をする人が国外に少なくないことは事実なのです。にもかかわらず、論理の整合性と説得力を軽んじ、感覚と情意に訴えて敵・味方を切り分ける政治手法は、ポピュリズムの類型論の中でひとつの独自の型を示しているのではないでしょうか(↓Ⅲ3、特に一七四頁以下)。

II

戦後民主主義をどう引き継ぐか

――遺産の正と負

0　前提：日高社会学がいま持つ意味

日高六郎(一九一七—二〇一八)と加藤周一(一九一九—二〇〇八)が、丸山眞男(一九一四—一九九六)没後、ともに故人を語った記録が残されています。『同時代人丸山眞男を語る』(一九九八)です。その中で日高が、「「ラディカルな民主主義」について」というタイトルで話をしています。もちろんここで「ラディカル」というのは、「根っこ」「根源」という意味です。この話の中で日高は、一九四八年のある座談会での丸山発言の中から、次のような言葉を取り出しています。

われわれには集団に対する義務のほかに自己に対する義務というものがある。そして自己に対する義務を放棄することは人間であることを放棄するに等しい。

これは日高六郎その人の自画像でもあると言っていい。ここで私は憲法学という分野に引き寄せて、そのような日高の言説と行動の、いま持つはずの意味を考えてみたい。あとで改めて取り上げますけれども、日高は「憲法という言葉を使わずに憲法のことを考え、行動したい」というふうに言っています。ですから、必ずしも憲法という言葉自体に即したことではありませんが。

「一二月八日」の記憶

彼はずっと後になって、一九四一年一二月八日の記憶を書き残しています(『戦争のなかで考えたこと――ある家族の物語』二〇〇五)。まだ学生で、この年に召集されるのです。その一二月八日の記憶です。文学部の研究室の廊下を通っていたら声が聞こえてきた。そのことの感想を書く中で、多くの人たちが一二月八日がやってくるまでモヤモヤしていてわかりにくいと考えていた、ということを問題にするのです。真珠湾の開戦ですっきり敵が見えてきた、そういう受け止め方は確かに知識層の間で少なからずあったのです。それまでは、どこかに罪の意識がある。一九三一年に柳条湖事件をひき起こして以来、他国に、いろいろ正当化の美名をくり出してはいても要するに侵略しているということですから。その時も、廊下を歩いていたらそういう話、これでモヤモヤがすっきりしたという声が聞こえてきたのでしょう。しかし、そうであるならば、「それはなぜか」、わかりにくいのはなぜか、それを「とことん考えるべきではなかったか」、とふり返るのです。モヤモヤに気づいたならとことん考えるというのは、これほど明快な学問的な手続きというのはないわけですから、学生の時にそう感じたということ自身が、生来学者の資質を持っていたと言ってもいいことでしょう。彼自身は、黒川創さんがまとめた『日高六郎・95歳のポルトレ』(二〇一二)で「私は絶対に学者じゃない」と言っていますが。

遡って一九三八年、日高は東京帝大文学部に入学します。その頃のこととして振り返って書いていますが、当時までの学生は、マルキシズムで世の中を理解しようとする人が多かった。この点はほかの人もそういう証言をしています。しかし日高自身は、社会を理解するのにマルクスの枠組みでなじんでいたけれども少しそれからはみ出していた、人々の精神ということを考え始めていた、と振り返っています。

そういう日高を、時代を追って跡づけて行くことにしましょう。

1　日高『国策転換に関する所見』(一九四五・七)から「戦後」へ

「八月一五日」以前

最初は、一九四五年八月一五日をはさんで、その前です。

一九三八年に文学部に入学した日高の卒業論文は、「社会と個人」でした。四一年一二月に繰り上げ卒業する。陸軍に召集されますけれども、肺炎を起こして除隊される。四三年に文学部の助手に採用され、四四年に、指導教授の示唆によって、海軍技術研究所の嘱託となります。海軍といわず陸軍も、そのころ、そういう研究所をつくっていた時代のことです。

海軍技術研究所の嘱託は、嘱託個々人に研究課題が与えられていたのだそうですが、この時に、当時の言葉で「時局」に関して自由課題を書けと言われて書いたのが、『国策転換に関する所見』です。七月一五日ごろに提出したと著者自身のちに書いていますが、四五年五月末から六月初めにかけて書いた二万字前後の報告です。この報告書は、日高の『戦争のなかで考えたこと』(前出。以下この節II1で出所を示さず引用する日高の文章も同じ)の巻末に収められています。

第一節が「大東亜戦争の本質と世界の大勢」です。

されど吾人は窃かに思へらく、大東亜戦争は依然二重的性格を帯びつつあり。一は吾が資本主義経済の死活を之によりて賭せんとし、一は端的にアジアを欧米の侵略より解放せんとす。若し当局者にして、大東亜戦争の性格を完全に後者にまで変貌せしめんか、正に驚天動地の世界史的転換は、ここに実現せらるべしと。然るに不幸にして当局者にはその明察なく。ついに大東亜戦争は今日に及びたり。

…………

支那民衆のみならずアジア民衆に対して、吾が言行悉く相反する如き印象を与へ、美名を掲げて私利を図らんとする最も悪辣卑劣なる所業と感ぜしめたるが故なり。支那民衆の民心把握に完全に失敗したるが為に、他のアジア民族も、我が戦争遂行に対し積極的に協力の態度を示しざりしなり。

…………

世界の大勢は牢固として動かすべからず。全アジアの植民地的隷属は解放せらるべし。只時期の問題たるのみ。英国の労働党は、政権獲得前は印度の自治独立を許容せんと声明し居りたり。政権獲得後果してその口約を実行するや否やは知らず。されど斯くの如き主張をその綱領としたる労働党を英国民の大多数が支持したるの事実は払拭し能はざるべし。

日本敗戦をアジア解放として考える

この第一節については、日本の免れるべからざる敗戦をアジア解放として考える、という日高六郎にとって基本の視点を確認することができます。日高は戦後になって、自分の書いたことを「迂回表現」というふうに一歩引いた表現をしていますけれども、当時の状況を考え合わせるならば、迂回しているにしても明々白々な、これ以上正確には表現できないほど率直な表現と言うことができましょう。

第二節は、「国策転換の必要性および其の要綱」と題されています。まず「㈠国内策」を先に論じ、次いで「㈡国外策」に及んでいます。国内策とされているものの項目だけ挙げておきますと、産業的金融的資本主義体制の廃止。勤労者団体による企業経営。自作中堅農の創建。ただし集団農場制のごときは時期尚早。医療及び教育機関の国家管理。言論、集会、結社の自由については、現在それが抑圧されているから、憂国の至情を有する者も傍観者的態度をとらざるを得なくなっているではないか。――まず国内でこういう大改革をやるべきである、とした上で、「(二)国外策」については、「第一　対支政策」として、「中国革命を、延安の連立政府方式により、暗々裏に支持すべきこと」。要するに国共合作です。

国内策にせよ国外策にせよ、驚くほど的確な認識が文章化されています。これを提出する腹を決めるきっかけとなったあるエピソードを、後に日高自身が書いています。空襲を知らせる警戒警報のサイレンが鳴って横須賀線の車内から多摩川の河川敷に誘導され、大豆を焼いた非常食を雑嚢から取り出して口の中に入れていた日高は、モンペ姿の、やせおとろえて、勤労動員に通っているとは信じられないような女子学生に、「お恥ずかしいことをお願いするのですが」と、ささやかな食料を乞われた、というのです。求めに応えて雑嚢の中のもの全部を彼女の袋に入れて、戦争はもうそんなに長くは続かないと励ました日高は、暗い道で涙を抑えることができなかった、というのです。「書こう。なんの役に立たないとしても」。

日高が亡くなってすぐに『世界』(二〇一八・八)に寄せた追悼文で三宅芳夫さんが「日高六郎の実存的選択」という言葉をいみじくも使っています。実際のところ、そうであったはずです。海軍技術研究所での、『所見』の文章を書く前の口頭報告に平泉澄が出席していて、面罵され叱責を受けた。当然懲罰の再兵役、再召集が来る、という恐怖に突き落とされた、と日高は当時をふり返って書いています。そうであるだけに、しかもあえて文書を提出するという、まさにこれは実存的選択だったでしょう。

「かくれた賢者たち」

なお、あとになって日高が書いていることですけれども、海軍の嘱託という身分で調査研究を託されているわけですから、そのために必要な人に会う便宜を、日高は十分に活用したようです。その中で、陸軍参謀本部とか外務省とか、大東亜省の調査部とか、いろいろな人に会ったことの記憶に触れて、「すごい人たちがかくれている。かくれた賢者たち」ということを言っています。

特に日高は、当時の外務省のソ連課長だった人物の名前も挙げて、驚くべきことを話してくれた、と回想しています。その人物にとって日高は、海軍省の嘱託という身分を持っているにしても初対面の若者です。その若者に、外務省の責任者である自分の個人の意見を明快に伝える。伝えるだけではなくて、日高青年に、「気をつけなさい。陸軍の報復がありますから」とまで言う。日高がこの人に感銘を受け、私も同じように感銘を受けたのは、そんな話をしたら相手が海軍省の嘱託だからこそ、外務省のソ連課長自身が危険な目に遭うだろう。海軍の嘱託の青年に話したということになればなおのこと。そういう世情だったということを、私は少年時代の戦中体験に照らして思い出さざるを得ません。特に、このまま国内での戦争の被害が拡大すれば宮中が国民の怨嗟の的になる、ということまで彼の意見を述べてくれたということに大変な感銘を受けた、と日高は書いています。

そういう詳しい話をこういう人たちから聞いて、意見書を書くことは断念しようとも考えた。しかし、いったん腹を決めた日高がなお自問自答を重ねた末、七月一五日ごろ提出したというふうに書いています。

その日高青年が、八月一五日をはさんで、戦後の言動にどう実存的選択の初心を貫いていくのか。彼のいくつかの書きものに即して見ていきましょう。

「八月一五日」以後――『自由からの逃走』を訳して

最初に挙げたいのは、一九五一年、エーリヒ・フロムの『自由からの逃走(*Escape from Freedom*)』(初版一九四一)の翻訳です。この本は、私自身の少年時代の記憶と重なるものがあります。新制高校に入って、戦後解放期であったことに加えて、私の学校は、戦後解放期の基準からしても基準に外れたところのあるような学校でした。同期の井上ひさしとか、一年上の菅原文太の社会観、世界観がそこでつくられたのですけれども、そうだったからこそ、世の中でよく聞こえていた「自由と規律」――有名な本もありました――といった類の言説に胡散臭さを感じていて、そういったものを振り払おうとしていたのです。そういう時期に英語担当の先生が、黒板に大きく《Escape from Freedom》と書いて、「君たちはこれは何のことか知っているか。聞いたことがあるか」と。翻訳が出た直後か出る前かの一九五一年ですから、さすがに誰も手を挙げず、先生が説明をしてくれました。もちろん、ワイマールからナチスへのプロセスも含めてです。しかし同時に、その英語の先生は、「おまえたちは野放図に自由に振る舞っているけれども、自由から逃走したくなるようなことが起こるよ」と。それは、「自由と規律」というふうな月並みな言い方では若者たちに伝わらないということを理解できるような先生だったのだろうと、今にしてみれば思うのです。

さて、日高はこの訳本の短いあとがきで、原著の大きな魅力はどこにあるのかということについて、《social character》という観念に注目しています。「社会的性格」という訳になっているのですけれども、この《social》は、形容詞として訳すべきではなくて、それぞれの社会の性格なのです。一つの社会に社会的性格があったり、経済的性格があったりするのではなくて、一つの社会の持つ性格です。「的」という字は時にあまり適切ではなく使われることがあります。もちろんこの訳書も、内容的には十分に理解した上でのことですけれども。ある集団に意識的には受け入れられていても、その集団の特殊な「ソーシャル・キャラクター」のため、実際には受け入れられないことがしばしばあるというふうに訳者は受けとめていますから、「社会の性格」なのです。

というのは、日高は一九一七年に青島（中国）で生まれて、日本という社会の外から日本というものを見ることができていた。旧制高校以後が日本で、生まれてから自宅はずっと青島にあったわけですから、夏休みのたびごとに、この二つの世界を、また中国の中でも特殊な青島という場所の性格を通して中国を、あるいはそれを取り巻く世界全体を考えるというふうな、ものに対する見方が養われていたのでしょう。

「社会の性格」というとらえ方

《social character》という概念に注目して大きな魅力を感じたからこそ原著を訳すことにしたとも言えるのですから、日高からすれば、歴史を動かす力として青年初期のころからなじんできたマルクスのような見方、一方に社会経済的条件、他方ではイデオロギーないし思想という二つのものがあることを前提にしておいた上で、しかしもう一つ、その間にはさまれたソーシャル・キャラクターというものがある、ということでしょう。彼は社会学のプロフェッショナルの道に進んでいるわけですから、まさに社会学というもののディシプリンとしての意味を改めて確認する思いがあったのではないでしょうか。

フロム自身が思想の広さと重さということを大事な問題として取り上げているということにも、日高は非常に同感しています。言ってみれば、ナチス前夜のドイツという社会で、啓蒙思想からマルクス主義までの思想は広がっていたが、重量感を伴うものにはなっていなかった。ソーシャル・キャラクターにまで届かせることができなかった、というわけです。

この指摘は、ドイツ以上に日本に照らして、日高にとっては非常に深刻に皮膚で感じるものがあったのではないでしょうか。『思想』(一九四〇・九—一一連載)に訳文が連載され、のちに『ヨーロッパのニヒリズム』(柴田治三郎訳、一九五〇)として公刊されたカール・レヴィットの指摘があります。

ナチス支配を避けて東北帝大の招きに応じ、日本に滞在(一九三六—四一)した彼が、日本の学者のことを、二階建ての家に住んでいるようなものだ、と言う。二階の書斎にはプラトンからハイデガーまで、いろいろなものがぶらさがっている。しかし実際に生活するのは二階ではなくて下だ、と。私自身に言わせれば、上がり降りしている間はまだいいけれども、二階にいてまごまごしていると梯子を外されて帰るところがなくなる。これが知識人の孤立という大きな問題で、孤立を恐れる物書きたちは気配を察して早々と二階を撤収する。それで一階の大部屋の一員になる。

こう見てくると、フロムに着目し《social character》という、言葉としては平凡ですけれども、思想がどこまでその社会の深みに届くかという問いに直結する観点をとり出したのは、日高にとって大事な着眼だったでしょう。

「国家目的」と「醇風美俗」の循環

同じ時期、日高は一九五四年に「〈旧意識〉の原初形態」という論文を書いています。これは引き続きとりあげる六四年論文、六八年論文とともに、岩波現代文庫の『日高六郎セレクション』(杉山光信編)に入っています。

ここで日高は、国家目的と醇風美俗、この二つのものの相互関係を取り上げており、それに着目したい。言ってみれば国家目的は、戦前のことですから、法的な意味での「国体」がそれに当るでしょう。「国体」という観念が法的な意味、それも、裁判所で具体的に問題とされるまでの法的意味を持たされたのは、言うまでもなく治安維持法(一九二五)によってです。大審院の判決によって、大日本帝国憲法第一条、第四条のことだという司法判断が出ています。第一条は、大日本帝国は万世一系の天皇が統治するということです。第四条には「統治権ヲ総攬」という言葉が出てきます。それに対して醇風美俗というのは、いわば情緒的な国柄であり、実態を言えば、家であり、村なのです。

この相互関係とはどういうことか。まず、「国体」が醇風美俗を自分のほうに吸い上げておく。「国体」を支えるもう一つは、治安維持法では私有財産制なのですが、私有財産制、つまり資本主義体制というだけでは感覚的・情緒的な効果を持ちませんから、醇風美俗という形をとった既存秩序によって国家目的を裏付ける。そうしておいて、今度は国家目的が醇風美俗に頼る。そのことは、治安維持法の運用のなかで「転向」という大きな問題がありましたが、その場面の叙述で文学作品の中にもよく出てきます。転向を促す決め手になるのが、天皇制国家権力の恐怖もさることながら、多くの人にとってはそれ以上に、「親兄弟が悲しむぞ」「村人たちはどう思っているか、おまえのことを」という、まさに醇風美俗なのです。国家目的と醇風美俗の循環、それが転向を促すメカニズムにあらわれるという、見事な分析です。

醇風美俗――凝集効果と緊張効果

醇風美俗について日高は、内に向けては凝集作用、外に対しては緊張関係、「凝集と緊張」という言葉で特徴づけています。私はここで、マックス・ウェーバーの有名な、凝集のほうはBinnenmoral（対内道徳）、緊張のほうはAußenmoral（対外道徳）という、あの対置に対応しているのかなと思ってきましたし、いまでもそう思うのですが、それはともかく日高とともに言えば、内に向けて凝集、外に対して緊張、まさに内と外の使い分けです。醇風美俗も、内に対しては家長を中心とした凝集、外に対しては緊張（「世間の眼」）ということですし、国家次元で言えば、総家長＝天皇を中心にした凝集と国際社会に向けての緊張ということになりましょう。

国家目的が八月一五日まではもちろん厳然として建前上は維持されるのですけれども、多くの生活現場では愛想が尽きているのです。敗戦の時に国民学校五年生、より正確には「国民学校学徒隊第二中隊第三小隊副小隊長」（五年三組級長のこと。小隊長は担任教師）の辞令を受けた私には、よく実感としてわかります。生活の現場では、国家目的など、ほとんど信じられていないのです。闇商売があるし、隠匿物資がある。ヤミ、隠匿というのは、凝集と緊張の典型です。内に向けては凝集してヤミ米を抱え込み、外に対しては奪い合った上で隠そうとするのですから。使い分ける場合にはそういうことになるし、逆にこの二つ、凝集と緊張によって挟み撃ちされる局面もあります。ジョン・スチュアート・ミル流に言い直せば、一方で凝集はsocial tyranny（社会的専制）の土壌となり、他方で緊張のほうは political oppression（政治的圧迫）を呼び込む、ということになるでしょうか。

日高の議論を私なりに受け取って、自分のものの考えの肥やしにさせてもらってきたのです。その上で、そういうことを含めて国家目的と醇風美俗の、私流に言えば「結託」と「再結託」という現象を問題にしておきたい。「結託」のほうは、さきほど述べたような戦前、戦中の状況です。敗戦ということになりますと、結託していた国家目的と醇風美俗がいったん離れます。戦争末期には既に裏で剝がれていたのですけれども、八月一五日以降はおおっぴらにそれが乖離する。そのあとどうなるかと言えば、高度成長が終了するまでの日本の、「会社人間」と言われていた、あるいは「社畜」などと言われていた現象は、一種の醇風美俗で、これが高度成長という国家目的と「再結託」していたのだ、と見ることができるのではないでしょうか。

しかし、同じ再結託でも、「黄金の三〇年間」の経済状態はどこの国でも長さに限りがあるわけで、無限に続くわけではない。それでも、なおかつ経済成長を目指す国家目的によって、国民個人はせき立てられる。せき立てられることによる摩擦が生ずる。そこで出てくるのが、前章（五八頁以下）でとりあげた文化戦争と同じです。「古き良き日本」という醇風美俗。新しい国家目的と古い醇風美俗の再循環が期待される。その期待を表現したのが、二〇一二年の自由民主党憲法改正草案で、憲法の前文に「成長」という言葉が出てきます。それは、私の知る限り、ほかの国の憲法では見たことがありません。「成長」に憲法上の価値を与えるということは、当然、その国家目的は競争と格差をもたらすでしょう。それを癒すために、同じ憲法前文で、天皇を戴く国家、家族、和というふうな、一連の文字通り醇風美俗が持ち出され、この循環が期待されているのです。

戦後七〇年の日本社会の体験の積み重ねは、そのような〈国家目的＝公〉と〈醇風美俗＝私〉の結託の最新版が成功するのをゆるすほど、頼りないものではないはずです。しかし、公と私の両域をまたぐ軛から解放されたとしてもその一人ひとりが、公共空間と私的空間それぞれの中で漂流するだけでよいのか。

それとは見事なまでに対照的な人物像を描き出した作品をコメントする私の短文で、その主人公を、「公共圏と親密圏を縦横にゆき来する一人の女性」と書いたことがあります。工藤庸子『評伝　スタール夫人と近代ヨーロッパ――フランス革命とナポレオン独裁を生きぬいた自由主義の母』(二〇一六)についてのことでした。そのことにあえて触れるのは、どんな意味であれ日本とフランスの対照を言うためでは全くありません。なぜなら、フランス革命の国でさえ、公共圏(何より選挙法)にせよ親密圏(民法)にせよ、そこでの両性間の法の平等が制度化されるためには二〇世紀後半を待たなければならなかったのですから。実際、工藤『女たちの声』（二〇一九）は、「『コリンヌ』がヨーロッパ的な成功をおさめるまで、スタール夫人が書斎はおろか、書き物机さえもたなかったというエピソード」に寄せて、そこに「女性の慎ましさなどには還元できぬ聡明な覚悟が感じられる」と念を押しているのです。

そしてもとより、公共空間と私的空間を縦横にゆき来するための「聡明な（あるいは大胆な）覚悟」が問われるのは、女性だけではありません。

2　一九六〇年代：高度成長と「民主主義」――順接続と逆接続

「内部革命」と「個人」

ここでは、二本の日高論文を取り上げましょう。

一つは一九六四年の「戦後の「近代主義」」です。六四年は東京オリンピックの年であり、高度成長がまさに全面的に開花し始める時期です。この論文は、『現代日本思想大系　三四巻　近代主義』（筑摩書房）の解説として出されたものです。論文ですけれども「解説」として出すのは、「絶対に学者じゃない」という日高の自己定義のあらわれなのかどうかはわかりません。先ほどの、日高が亡くなって追悼の文章が並んだ『世界』で、見田宗介さんがタイトルに「含羞の知識人」という言葉を使っていますけれども、そのあらわれなのか。あるいはもっと攻撃的に、学者なんぞではないぞ、世の中で言う学者なんぞとは違うのだというプライドなのでしょうか。

この文章の中で私が取り出しておきたいのは、『近代文学』の一九四七年一〇月号に出た荒正人論文へのコメントの部分です。荒論文は、内部革命と外部革命の必要を強調している。それに日高は着目しているのです。その中でここで取り出したい短いセンテンスがあります。

荒は外部革命と内部革命の必要を強調し、しかもその内部革命は民主主義的人間とごまかさず、個人主義的人間の確立として考えるべきであることを強調する。

それに続けて日高は、「個人主義とは近代の別称である。これからの日本がどのようにしてこの近代を通過するかがわたくしたちの課題なのである」、という荒の文章を引いています。この時期、一九四七年という、戦後民主主義の出発期に、ネガティヴでない意味で、しかも民主主義と対比する形であえて個人主義ということを語った人は、決して多くなかったでしょう。もちろん遡れば戦前、漱石が堂々と「私の個人主義」を、しかもあの時代に書いているということはありますけれども、とりわけ戦後民主主義の出発期には、です。

日高は、荒の文章を引き取った上で、我々の社会には個人がない、したがってその意味での近代がないという、いわゆる欠如理論への「賛否はともかくとして」というふうに、その問題には入らないでおいて、もっと肝心なことを言いたいとして、面白い言い方をしているのです。

アメリカ独立宣言からコカ・コーラまでの「量的全体」として西欧化現象を言う人が多いが、それは「質的全体そのものの皮相化」につながっている。その中で足りないものは何か。それが欠如理論の本当に主張したかったことだったはずだ、という理解を示しています。

コカ・コーラということになると、それはカタカナの日本語表現で「モダン」という風俗になってしまうのですけれども、アメリカ独立宣言という譬えを出したのは、思想とその制度表現の話でしょう。明治の初めまで遡って言えば、近代とは軍艦と工場、人によってはその手段としての鹿鳴館、もっぱらそういうものなのか。いや、同じ近代の中に社会テクノロジー、法というテクノロジー、そして何よりそれが伴う思想こそが問題であったはずではないかという、その論点をアメリカ独立宣言とコカ・コーラという譬えで示しているのです。ボワソナードを煩わせた民法草案が最初に出た時に、「民法出でて忠孝亡ぶ」という論難が出た、あの論点に結びついてきます。

「歴史的必然」という考え方の問題点

日高は一九六八年に、『戦後日本思想大系　一　戦後思想の出発』の、やはり「解説」として論文を書き、改めて戦後最大の思想課題は何かと自問して、「近代とは何か」だった、そして現在もそうだ、と自答します。六八年は、大学紛争の最盛期ですから、〝近代を乗り越える〟ことが世間では問題にされていた時期に、現在でも課題はなお近代だ、というふうにあえて問題を出した上で、〈歴史的必然〉という考え方についての四つの問題点を示します。

第一には、〈歴史的必然〉の認識は事実としてあやまったことはないか。第二には、〈歴史的必然〉の考えは新しい思想の創造に役立つか。第三には、〈歴史的必然〉は人間の主体性とどのように関連するか。第四には、とくに〈歴史的必然〉のなかでとらえられた〈近代〉の概念そのものに、論議の余地はないか。

その中で特に第四を問題にするのです。〈歴史的必然〉という考え方を前提にしてしまうと、その中でとらえられた近代の概念そのものに論議の余地はないのか。〈歴史的必然〉よりも普遍的価値と理性が大事だということ。したがって「個」の確立という、次の未来社会に当然引き継がれる価値があるはずだ。それを世上では自明のように「それはもう乗り越える」と言う。乗り越えるのではなくて、もう一度問い直すことが必要だ、近代を深くとらえないままでは危うい、という主張なのです。いわば「近代の超克」の再超克ということを、一九六八年という、およそ近代は古い、古いだけではなくて〝近代の犯罪性〟ということがかしましく言われていた時期に、あえて強調した論文なのです。

同時に彼は、よそ目には何でもないように、淡々と大学を離脱した。当時の大学当局、教授会に対する冷めた距離感、あるいは、もっと深刻に、学生大衆の運動に対してもそれがあったのでしょう。六八年の学生運動は近代批判という真っ当な意味を含めながら始まったのですけれども、いつの間にか集団への個人の埋没という、まさに日本的なるものに丸ごと埋没するということになって、近代総否定に傾いて突進して行きました。そうであっただけに、他ならぬ六八年に近代というものについての見方を明確にしているということには、重い意味があるだろうと思います。

加藤周一がベルリン自由大学を離れたのもこのころです。ですから、そういう意味では問題は日本だけのことではないのかもしれないけれども、ともあれ日高にとっては日本の「知」のあり方の問題だったということです。

3　一九七〇年代以降：「経済大国」の盛衰と憲法

百花斉放のすすめ

一九七〇年代に入って、「憲法論議――百花斉放のすすめ」をとりあげましょう。二〇〇六年に雑誌『世界』が創刊以降の憲法関係の論文を集めて出版した『『世界』憲法論文選』があります。井上ひさしと私が選者を依頼されてつくった本ですが、それに載せた一九七七年の日高論文です。ここで日高が一番言いたかったであろうことを抜き出して申しますと、「護憲派は護教派になってはならない」、「憲法批判派を利することにならないかと考えて議論を恐れてはならない」、「式辞派になるな」、です。

日高の問題意識はこうでした。――日本資本主義はいまや強力な復活を遂げ、「盲目的な力」を持つまでになっている。それに対峙する側は「無力な目」を持っていてはならない。言い換えれば、成熟した目を持つ民衆、自立した目を持つ民衆でなければならない。そうした見地から、先ほどのいろいろな戒め、警句が出るのです。その文脈で、副題に言う「百花斉放」への期待、これがこの論文の主旨でした。

その内容は、その時点の私にも全く同意できるものでした。今もそうです。その後四〇年の間に変わったのは、百花斉放どころか、改憲論のほうが百鬼夜行とでも言うべき状態を呈している。その上依然として、言葉遣いは同じではないかもしれませんが、「護教派」あるいは「式辞派」という言い方に込められた、悪意に満ちた戯画でもって、憲法に真面目に取り組もうとする側をあしらおうとする論調があります。だからこそ一層、私としては、専門分野の研究者としてやってきた自分自身の営みが、届くべきところに届いてこなかったということの無力を恥じる気持ちを、抑えることができません。

日高の苦言への答え

「日本国憲法を護る立場に立」つ「専門家集団」として、一九六五年に全国憲法研究会が発足しました。「全国」というのは、地域別の地道な研究会活動の積み上げとして全国規模の研究会があるべきだという意味でした。学会として「全国」というのをつけているのは異様な感じがするかもしれませんが、そういう意味づけがあったのです。

最初にその会の代表の役目を担った高柳信一が、一九六六年の東京大学駒場祭で「護憲論について」という講演をして、これはパンフレットの活字として記録に残っています。その中で高柳は、「護憲派は自ら戦いにくい戦場を選んで戦うことを避けてはならない」という、まさに日高がその一〇年後に心配して苦言を呈したと同じことを、彼自身、より強い表現で強調しています。

先ほど言いました『「世界」憲法論文選』に、大江健三郎さんが八一年に書いた論考が収められています。その中で大江は、江藤淳と自分とのやりとりを言いつつ、

専門家レヴェルではすでに論議のつくされたところを、ことあたらしくセンセーショナルにまきかえしては、一連の文章を書いてきた……。

と相手を批判しております。専門家たちの間で「論議」が「つくされた」とまで大江が言うほどの状況があったにもかかわらず、私どもの発しようとしたメッセージが届くべきところに届いていない。何より肝腎だったことは、日高の語る民衆に届いていない。

「戦いにくい戦場」の意味

ところで、高柳信一が言った「戦いにくい戦場」の意味ですけれども、難しいのは戦場に臨む立ち位置であり、これは、憲法学を含めた法律学、憲法学の場合には特にそうなのです。《politically correct（政治的に正しい）》という言葉があります。「ごもっともなこと」、「そんなことばかり繰り返してはいかん」という文脈で言われることが多く、ややこしい使われ方もしますが、特に「そんな当り前のこと」「そんな平凡な」という文脈で申しますと、まさにその問題になります。それになぞらえて言えば、constitutionally correctということになりましょうか。

憲法論を論ずる時には、お互いに共有していなければいけない最小限の前提がある。それを無視してかかる主張をどう扱うか、という問題にかかわることなのです。あまりに当り前すぎて皆が言わなくなったこと、あるいはそれを貶すのが当り前になっていること、それに対して、この点から出発しなければいけないのですよ、と繰り返し言わなければならないことがある、という問題です。憲法というものはそもそもどういう目的でつくっているのか。そうなると、前章（二一頁）で触れた伊藤博文が喝破していたことにかかわり、明治憲法制定史の話に戻ることにもなるのですけれども、伊藤が一三〇年前に言ったことを憲法学者が改めて言うというのは、少なくとも研究者としては格好悪いことなのですが、それをあえて言わなくてはならない。

しかし、それと同時に、あらゆるものを疑う、あらゆるものへの疑いに正面から向き合え、という研究者であるならば何より大切なモラルというものをも追求しつつ、しかし当り前のことを言い続ける。いわば、一身にして二つの仕事をしなければならないということです。

「法学」の二つの仕事

日本の憲法学の歴史の中で、ひとつのきわ立った例を挙げましょう。

法学は、現実の世の中をよりよいものに近づけてゆく、そのために役に立つものであることを社会から求められてきました。場合によっては、より少なく悪い(less evil)状態に戻すために、という言い方が適切なときはそういうことを含めて、です。法学について「善と衡平の術」、ラテン語の成句で《ars boni et aequi》と言われてきたのは、そういう意味です。現にある法を少しでも「よく」解釈して「よく」運用し、さらには「よい」法をつくるための仕事をする、ということです。もとより、何をもって「よい」とするかについて、法に携る当事者たちの間の論議を重ねながら。

天皇機関説が論争を経て支配的な影響を及ぼすことになる一九一〇年前後に始まり、一転して抑圧の対象となる一九三五年(天皇機関説事件)まで、美濃部達吉の憲法学説が立憲主義を推進するために演じた役割は、そういうものでした。そのような学問のあり方を、法学Aと呼んでおきましょう。

その美濃部のあとを継いだ宮沢俊義は、恩師の還暦を記念する論文集（一九三四）に論文「国民代表の概念」を寄せ、法学のもうひとつのあり方がどのようなものであるべきか、問題を提出します。「法の解釈の技術」とは別に、「全くその性質を異にする精神作用」としての、「法の科学」の提唱です。それは、「現実の法――それが良いにせよ、悪いにせよ（傍点樋口）――を正確に認識することだけ」を目的とするでしょう。「正確に認識する」とはどういうことか、それはそもそも可能なことと考えてよいのか、という大問題は別として、その提唱は、「人間の主観的な希望・欲求」を反映する「イデオロギー」と「現実」の間の「不一致を暴露」することによって、「真理にのみ仕える科学の当然の任務」を果たすはずでした。そのような学問のあるべきすがたを、法学Bと呼びましょう。

法学Aは、これまで世の中で積み重ねられてきた約束ごとを引き継ぎながら洗練させ、現実の社会に貢献しようとします。法学Bは、そのような貢献の蓄積をも含め、これまでの現実社会の達成をもあえて疑いの目に曝す知の要求に、こたえようとします。宮沢論文の論理は「国民代表」の虚構性をあばくことによって、帝国議会を担い手として前進してきた立憲政治の足を引っぱる危険を内包していました。にもかかわらず、「イデオロギーは社会的には常に支配層に奉仕する」(傍点原文)という認識を示していた宮沢にとって、法と法学のイデオロギー性批判を核心とする法学Bは、窮極的に、現実の「非支配層」の解放につながるはずだったのです。日本現代史の流れは、正反対に向かっていました。本来、BがAに対する関係ではらむ危険は学問の論理に内在するものでした。実際には、そのような問題性に学問が直面する以前のところで、Aは権力的に抑圧されてしまったのでした(一九三五年「天皇機関説事件」による美濃部の受難)。

戦前、美濃部憲法学は法学Aの立場に立って大正デモクラシーを支えるものでした。戦後デモクラシーにとっては宮沢が、同世代で美濃部同門の清宮四郎とともに、Aの立場に立って中心的な役割を引き受けました。戦後社会に責任ある立場の中心に立つことになった二人の美濃部門下生は、世の中が憲法の役割をこう理解してほしいという見地からする言動を通して、日本国憲法を支えました。そして、憲法論として正しいこと(constitionally correct)を示すという二人の役割を、たしかに、戦後世代の憲法学者の多くは引きついできました。

しかしだからと言って、〝戦後憲法学は憲法神社の神主の如きもの〟という類いの、悪意に満ちた、そうでなければあまりに軽いノリと言うべき非難を受け入れるわけにはゆきません。戦後憲法学は他方で、日本国憲法の生まれの過程、そもそも近代憲法の約束ごと、何より主権と人権という観念そのもの、それらを批判的点検のまないたの上に載せる仕事への取り組みを、怠っては来なかったからです。実際、一九二〇年代から三〇年代半ばにかけて、宮沢、清宮をはじめとして、読み返してみて驚くほどの法学Bに属する業績があったのです。そういう仕事を引きついで展開させることにも、戦後憲法学はそれぞれの学問方法上の立場から取り組んできたのです。

「人形となっていない人間」に

ここで日高自身に戻りましょう。「百花斉放のすすめ」を説く真意を、彼自身こう表現しています。

私は、憲法という言葉を使わずに個別の運動をすすめている人々に、むしろ憲法的なものを感じます。

市民運動と共にいて、言ってみれば草の根に接しながら、特に大学という社会を離れて在野の立場で活動していた、日高ならではの重みを持つ言葉です。

日高自身が、もう一つの論説、一年前の『世界』論文(一九七六・九)で、次のように自分の考えを述べています。タイトルは「戦後史を考える――三木清の死からロッキード事件まで」。「三木清の死」というのは、一九四五年八月一五日が過ぎた後なお解放されないまま、彼が獄中で病で亡くなったことです。ロッキード社が航空機の売り込みに際し多額の賄賂を日本の政界に供した事件は、まさに論文執筆時の重大事件でした。

日高は、自分が講義をしていた京都のある短期大学(当時)、九〇パーセントは女子学生であるというふうに書かれていますけれども、彼女たちに対する話しかけという形で、文章を綴っています。戦後責任の問題――戦争責任、戦中責任という重大な問題がありますけれども、あえて戦後責任の問題点――、これはいわゆる保守といわゆる革新を含めた問題なのだ、と。日高は、生活保守、快適の哲学、安楽な生活をみんなが求めるという、そういう中で軍国主義から民主主義へと、社会全体が変わったことを改めて問題にして、

こんなにも楽なものだと、だれが予想していただろう。

というふうに表現しています。歯を食い縛るような痛切な体験なしにその大転換をやり過ごし

た。そこで、生活保守、快適の哲学が広がってゆく。言うまでもなく高度経済成長が進み、一九七〇年代半ばといえばその頂点に達しようとしている時期のことです。

日高は結びのところで、

私は少女たちに政治論議などしたくもない。ただ私は、感動したことだけを話したい。そして私が感動するのは、常に人形となっていない人間だけであることを話したい。

と言う。「人形となっていない人間」とは、個々人としてそれぞれ大事なものを持つことであり、それを表に表すことも場合によっては避けてはならないということ。これが、人形になってはならない人間ということでしょう。そういう人間を、日高自身が身の周りに一人ずつ育てていくということだったのでしょう。

ところで、生活保守と快適の哲学は、高度成長による原資の配分に支えられてこそ、人間を人形のようにしてゆくおそれを持っていました。そのような前提は、世紀の転換期の前後になって、誰の目にも失われてきます。統合を目ざす力を断念して分断と排除に向かう社会のありようは、為政者の言動に反映します。野党に対する「寛容と忍耐」を語った一九六〇年の首相と、前政権を繰り返し「悪夢のような」と難じ、街頭演説でのヤジまでを封じこめようとする二〇一九年の首相の対照は、そのことを示すものでしょう。

裏から、陰から、過去から憲法を読む

さて、そのような大きな逆流が社会の様相を目に見えるほど変えてくる中で、二〇一〇年に日高は『私の憲法体験』という書物を出します。その中に、「憲法を読むということ」という章があります。憲法を裏から、陰から、過去から読みたい。それが憲法を読むということであろう、と言うのです。そして、一九四六年の時点で自分自身が考えていたことを、改めて疑問として取り上げているのです。

敗戦の翌年、一九四六年三月七日、新聞紙上に憲法改正草案要綱というものが発表されました。いまでは公に知られている経過を経てのことですけれども、二月初めに新聞紙上にスクープされた政府の案とはまるきり違うものが、政府憲法改正草案要綱として出されたのです。その前には既に、民間の「憲法研究会」が国民主権を前提とした儀礼的存在としての天皇という憲法案を四五年一二月に公表していて、政府とGHQの間の鍔迫り合いの中で意味を持つことになるのですが、ともかく、スクープされた政府案とは全くかけ離れた改正草案要綱が発表さ

れた。その際に、当時の幣原喜重郎首相の謹話が出され、幣原は特に九条について、戦争廃止のため他国をリードしなければならないということを非常に強調しました。その言葉は、幣原自身の本音だったでしょう。それは、かつて幣原欧米協調外交を担い、かつその挫折を経験した本人としては率直な思いであったでしょう。国民の圧倒的多数も、文句なしに明るい思いで迎えたということも、よく言われている通りです。

しかし日高は、この九条案には日本に対する懲罰的意味が含まれていること、つまり加害に対する懲罰という面を忘れて、被害の重圧からの解放という明るさだけが国民の受け取りようになったことを、あえて問題にします。敗戦のあと間を置かず尾崎行雄が大日本帝国の近過去を振り返って、我々は鈍盗であった、と述べています。よく言われる、植民地化とか植民地争奪戦争は全ての欧米強国がやってきたことではないのか、日本だけがどうして責められるのかという弁明(あるいは居直り)に対する、端的な自己点検の言葉です。「鈍盗」であったことを含めて自分自身の過去をどう問題にするかという視点が、この幣原謹話には余りにも欠けていたというのが、半世紀以上を経てなお日高がこだわる点なのでした。

植民地支配と侵略に対する自己批判、少なくとも反省は、確かに折に触れ出されてきました。しかし、その政治責任者の言明が、小出しに出される度毎に国内で足を引っ張られる、ということが繰り返されてきました。一九九五年、戦後五〇年の節目の八月一五日の村山首相談話でようやく、ともかくも落着した、その問題です。それからさらに二〇年後の二〇一五年、戦後七〇年の安倍首相談話でも、あからさまに村山談話が取り消されることはなかったにしても、明瞭に確認されることはなかっただけに、日高が最後まで問い続けていたことがらは、今ますます大事なことでありましょう。

日高が中国の青島で生まれ、旧制高等学校進学までそこで日々の生活を送っていたことも、関係があるでしょう。しかし、そういうこととは別に、日本の知識人として大事なことを最後まで忘れることはなかったということです。

日高の言いたかったことを私なりに受け止めて言えば、日本国憲法、とりわけ九条は、国家としての大日本帝国に敗戦によって押し付けられたものだという、「押し付けられた憲法論」と際どいところで同じ地面にあえていったん立った上で、それを日本国民は大日本帝国に対する懲罰として受け入れたのだということ。そして、加えて言えば受け入れるための素地が幕末まで遡る日本近現代史の中にあったのだということを確認する、そういう手順を何度でも繰り返す必要があるのではないか、というのが私の受け止め方です。

あるジャーナリストの遺したもの

二〇一九年二月、ジャーナリストの松尾文夫氏が米国滞在中のホテルで客死されました。氏は、ドイツのドレスデンへの米英軍による爆撃五〇年の節目に行われ連合国側が参加した鎮魂の儀式に示唆を受け、広島と真珠湾――これが二つの対照として適切な組み合わせなのかは議論があるでしょうけれども――での米日首脳の相互献花の訴えを一〇年以上続けて、それを実現し、次いで東アジアでの和解につながる献花外交を実現させようとして尽力を続け、その途半ばで亡くなられたのです。

氏が二〇一七年に日本記者クラブ賞を受けた時にクラブの会報(二〇一七・六・一〇号)に寄せた文章が、いまここで読み返すに値すると思います。

松尾氏は文章の冒頭で、「「あの戦争を経験した最後の世代」に属する一人としての責任の重さ」と「やり残した課題の大きさ」を強調し、その文脈で「人生の記憶」は「東京で急死した祖父の葬式に出席するため」中国から一時帰国した二歳半のときに始まる、とさり気なく書かれています。しかしその「祖父」が二・二六事件で岡田啓介首相に代わって殺害された松尾伝蔵大佐に他ならぬことを知る一人として、「二月二六日米国で死去」という氏の最初の訃報に接したときの私の心の動揺は、抑え難いものでした。

その彼が二〇一七年の文章で指摘する、「日本とアメリカの東アジアにおける歴史的な古傷」に関する事実は、あまりに重い。日本ではほとんど取り上げられず、もはや語り継がれることもない事実を、氏は指摘しています。一九〇五年の桂首相とタフト(米)陸軍長官の間の密約による、アメリカにとってのフィリピン、日本にとっての韓国という東アジアの勢力圏分割が、一九一〇年の日本による韓国併合と米国によるフィリピン領有、そして日本の中国大陸侵略と真珠湾攻撃へと展開していく事実です。そのことを改めて正面から見据えるべきだという主旨を語った上で、氏は、「日韓合意で決着したはずの従軍慰安婦問題の「再交渉」は避けられないと思う」と、二〇一七年の時点ですでに、その後あらためて韓国側から出されることになる諸問題についての、醒めた認識を示していました。日高の提起した思いは例えばこういう形で受け継がれていることを、私たちは深いところで知るべきではないでしょうか。

III

「近代化モデル」としての日本

——何が、どんな意味で

0　前提：あらためて「四つの八九年」

一九八九年七月パリでの、一七八九年宣言二〇〇年を記念した学際的な国際学会については、「はじめに」で触れました。一七八九年が掲げた理念からすると、一九八九年七月のヨーロッパは祝祭的な高揚した気分に包まれていましたし、その高揚は、四カ月あとのベルリンの壁の開放で頂点に達します。アジアではその正反対に、天安門で民主化に向けた動きが圧殺されたばかりでした。いずれにしても、希望と挫折、ポジティヴとネガティヴという、一九八九年以降に世界規模で展開する二つの可能性を、いま振り返ってみると無気味なほど暗示していたということになります。

私の報告「四つの八九年」は、一七八九年宣言とそれに先立つイギリスの一六八九年権利章典の比較対照を示した上で、日本の立憲政治の枠組みをつくった大日本帝国憲法が制定された一八八九年という数字を取り出し、三つの憲法文書を援用しながら、一九八九年という時点に一七八九年を語ることの意味を述べたのでした。

私は憲法学の視角から話すという立場を強調したい意味を含めて、「立憲主義」という言葉をキーワードとして使いました(報告の副題は「西洋起源の立憲主義の世界展開にとってフランス革命が持つ深い意味」)が、ここでは、本書の標題のリベラル・デモクラシーと同じ意味に受けとって下さい。

その際、報告の力点はどの辺にあったか。当時、西欧の知識層の世界では、いわゆるポストモダン、ポストコロニアルの立場から、自らの西欧近代そのものを批判の標的にするという流れが主潮でした。現実の国際政治の場面ではそれと違います。国際政治の場面では、西欧的デモクラシーと資本主義以外のものは選択肢がないのだ、もはや歴史は終わったのだという傲慢さが見え見えになってきます。しかし当の集会は学会で、集まってくるのは政治家ではなくて研究者たちですから、学界主流の近代批判の流れに対して、それを批判的に点検することこそが学会にふさわしいだろう。そう考えて、その観点を私の報告の中心にしたのです。

「西欧は旧植民地を二度苛める」

当時、植民地主義に対する西側の知識人の自己批判、遡って近代国民国家モデルの自己批判が、実は、南側の強権的支配の下に置かれている良心的知識人たちを窮地に陥れ、足を引っ張ることになっていました。簡単に言えば、近代国民国家＝西欧の自己批判の論理は、ある方向に推し進めていくと、それぞれの文化にはそれぞれのやり方がある、それぞれの文化にはそれぞれの価値がある、という話になります。それは、まさに見事に、自己流の強権的な支配を続ける南側の支配者の好む言説です。西欧型の民主主義を我々に押し付けるな、我々には我々固有の貴重な文化があるのだ、という脈絡になるのですから。

実際、一九九〇年代以降、確かにそのような状況は一層ひろがって来ます。二〇〇一年の〈九・一一〉テロ事件のあと、ユネスコがパリで開いた「価値(values, valeurs)はどこへ行く？」というタイトルを掲げたシンポジウムがありました。私は出席できなかったのですけれども、取り寄せてその会議録を読みますと、大変興味のあるやりとりがあります。その中で私が非常に印象付けられたのは、アフリカからの知識人たちの、〝西欧は二度我々を苛める。かつてはその植民地主義によって。今度は、ある種の反植民地主義によって〟という趣旨の言説でした。反植民地主義が「それぞれの文化には、それぞれのやり方がある」という言説と重なるとき、文脈抜きではまさにそういうことになるでしょう。

植民地の話ではないのですけれども、日本について、だいぶ遡りますが、留学中の二五歳の医学青年、森林太郎＝鷗外と、エドムント・ナウマンとの有名な応酬がありました。鷗外の論説がドイツの有力紙に掲載され、見事なドイツ語だったということも含めて、よく話題にされてきました。日本に一〇年ほど滞在したナウマンが、ヨーロッパの文明をそのまま輸入するのは日本国民を弱くする、という心配を基調にした立場からの論説を書きました。鷗外はそれに正面から異議を申し立てて、「その文明というのはブランデーやアヘンや梅毒のことか。日本人は真のヨーロッパ文明を選別する力を持っている」と言って反論したのです。

「西洋化ぬきの近代化」という問題性

このやりとりは、まさに二一世紀のいまでも今日的な意味を持っているでしょう。非西欧の権力側は、西欧文明の流入に警戒心を時としてむき出しにします。ナウマン自身はもっと真面目な立場だったのでしょうし、西欧的なものをその外面だけつまみ喰いすることへの警告として受けとめるべき提言です。その上で言えば、うっかりすると、西欧からの発言として、自分たちの文明を丸ごと輸入してほしくないという、オリエンタリズムの立場になってしまいかねない。我々が愛するのは古く美しい日本なのであって、日本が欧米並みになることはつまらない、というふうにです。

二一世紀のいま、一般化してその話題を言えば、西洋化ぬきの近代化ということです。この本の主題であるリベラル・デモクラシーの西洋を、できる限り敬遠したい、あるいは、あからさまに正面から拒否する。これがⅠの章で問題としたイリベラルで、かつデモクラシーを名乗る立場の言い分ではないでしょうか。

そういう現実の状況の中で、この章では、まずⅢ1で、大日本帝国憲法＝一八八九年という数字がシンボライズする明治の近代化の持ったはずの意味、Ⅲ2・3では日本国憲法＝一九四六年という数字が意味する戦後経験、そしていま問われている態度決定、それを含めて日本の近現代が近代化モデルとしてどういう意味を持っていたのか、また持つことができるはずなのか、という議論につなげていくことにしましょう。

1 「西洋化ぬきの近代化」vs.多面体としての憲法文化
――一八八九年憲法と「和魂洋才」論

先ほど取りあげた一九八九年七月のパリの話に戻って、もう少し続けたいのです。それから三〇年過ぎて二一世紀も二〇年経とうとしている今、非西欧の経済大国が急成長しています。そして、国際経済、国際政治上も次第に大きな力を発揮し始めている。そういう中で、「西洋化ぬきの近代化」というテーマが、国際的な論壇でいろいろな形で議論されているからです。

なお加えて、実は、一九八九年七月の会合から間を置かず一一月に刊行した岩波新書『自由と国家』の、二〇九ページから二一一ページですからごく短い記述なのですけれども、それをこの機会に補正しておく必要があるからです。というのは、一週間の大会の最終日、東京での講義に戻るため会場に居合わせなかった私が、正確でなかった情報をもとにして書いたことがあったからです(大会後すぐの『世界』一〇月号にのった中川久定「革命二〇〇周年のパリ」の記述について、のちに氏から鄭重な訂正の書信を頂いた。さらにそのあと何度も対面する機会を得た故人の誠実なお人柄を、いま懐しむのみである)。その後、大部の大会記録がパーガモン・プレスから出版されており、それに基づいて、ここで改めて書いておくことにします。

文化相対主義と普遍的原理

大会最終日、フランスの代表的な歴史学者のひとりモーリス・アギュロンが総括報告を担当し、それを閉じるにあたって、私の報告の一節を、「異例ながら、そのまま引用したい」として読み上げ、「フランス人たち、少なくとも、いま押し寄せる文化相対主義に対抗して従来の原理を擁護し、法と自由の友であり続けてきたフランス人たちを、勇気づけてくれる。文化相対主義はいま、反帝国主義という口実の下で多くの新旧のファンタジーを養っているのだから」と述べたのです。

読みあげられた私の報告の一節は、次のようなものでした。

今、西洋起源の近代立憲主義の普遍的原理、と述べた。西洋的なるものが本当に普遍的でありうるのだろうか？　西洋中心主義は今日では時代遅れではないのか。

たしかに、例えば、一五世紀日本の演劇である能を、西洋の演劇にあてはめるのが常であるような価値基準にもっぱら基づいて評価することはできない。ラシーヌやシェイクスピアのそれとは違った演劇の理念がありうる。しかしながら、個人に対するなんらの基本的信念もなしに立憲主義を想定することはできず、そうであるならば、この領域での西洋中心主義の意味の深さを受け入れないわけにはゆかない。

文化の複数性を尊重するのは一つのことがらであり、西洋起源の立憲主義の価値の普遍性を確認するのはそれと別のことがらである。この普遍性を擁護することは、決して、言うところの「文化帝国主義」ではない。

なお、この一節にすぐ続けて私は西洋立憲主義の「大きな影の部分」として植民地支配に言及し、「普遍を名のる立憲主義は、真の意味で普遍ではなかったのである」と述べています。コレージュ・ド・フランスの碩学アギュロンが帝国主義西欧を正当化するのでないことは言うまでもないでしょう。

それから三〇年経ったいま、非西欧文化圏の経済大国の急成長を前にして、それとの関連でどうしても、日本近代化の一五〇年をどう読むかということが問題になりましょう。

和魂洋才――洋魂は？

幕末から明治にかけての変革は、アジアの一角で近代国民国家としての統一を完成させました。それを駆り立てたモチーフは、西欧列強の外圧に対して軍事力をどう整備するか、それを支える経済をどう構築するか、ということでした。譬えを繰り返せば軍艦と工場ということになります。

当時、幕末から「和魂洋才」という言葉が盛んに使われ、問題とされていました。もともと「和魂漢才」という言葉があって、菅原道真の遺訓とされているものです。平安文化自身が和魂漢才でした。日本固有の「魂」の上に中国の「才」、圧倒的に先進的な水準に達していた中国の文化をとり入れる、というのが和魂漢才でした。

和魂漢才の場合、漢「才」は中国の学問全般です。技術というよりは、むしろ知の全般なのです。例えば漢文の詩と和歌でしょう（『和漢朗詠集』）。しかし一九世紀の和魂洋才の「洋才」として、多くの人はもっぱら技術＝テクノロジーを考えたでしょう。至上命題は富国強兵であり、工場と軍艦なのですから。しかし実は、同じテクノロジーでも、ものつくりの技術だけがあるのではなくて、社会テクノロジーというものがある。わけても法テクノロジーというものがあるはずです。現実にも、東京大学では法学部、医学部、工学部という順にできています。大学に即して言えば、まさに技術テクノロジーと、ソーシャル・テクノロジーとしての法テクノロジーは、同じように必要だという認識があったわけです。

工学部型の技術の場合にも、「洋才」を「洋魂」と切り離して輸入できるか、という問題はあるでしょう。法学部的技術の場合は一層、洋魂を全く無視してそれが成り立ち得るかという大きな問題があるのです。「和魂洋才」という一つのコンセンサスを前提にしたとしても、洋才の中に洋魂が混じり込むことをどこまで認めるのか、あるいは最初から洋才の滲入に対する防壁をつくっておくのか、という問題と言ってもいい。これは憲法ではないのですけれども、民法制定のプロセスで、代表的な憲法学者だった穂積八束が余りにも有名な言葉を残しています。「民法出でて忠孝亡ぶ」と。法テクノロジーとして民法というものを西欧風に倣ってつくらなければいけないけれども、最初に準備された民法の案は、穂積の立場から言うと和魂を亡ぼすものと見られた。それが「民法出でて忠孝亡ぶ」の意味でした。

「一国固有」か「諸国に共通」か

憲法自身に引きつけて言いますと、この点はすでにこの本のⅠで概括的にではあれ触れたことですけれども、一八八九年憲法の第一条以下の本文は洋才の条文化でした。その洋才から完全には引き剝がすことのできない洋魂をどうするか。機械と違って人間社会の行動にかかわるテクノロジーです。機械テクノロジーなら当面その工場の中での運営、軍艦の中での操舵術は直接には洋魂とはかかわりなく行えるにしても、法テクノロジーの場合にはそうはいかない。憲法の本文は同じ洋才だけれども、ここで穂積八束と美濃部達吉の二つの全く対照的な立場が、解釈運用の上で出てくるのです。帝国憲法発布時に東京帝国大学の憲法講座を担当し、正統学説の立場に在った穂積八束は、

一国ノ憲法ハ一国固有ノ国体、政体ノ大法ナルカ故ニ、一国独立ノ解釈アルヘシ……此ノ見地ヨリシテ一切外国ノ事例及学説ニ拘泥セサルヲ主義トス。

と、教科書(『憲法提要』(上)、一九一〇)で明快に宣言しています。それに対して、

〔帝国憲法は〕大体に於て西洋の諸国に共通する立憲主義を採用して居る……憲法の解釈に於ても必ず此主義を基礎としなければならぬ。

というのが美濃部の教科書(『憲法精義』一九二七)です。洋才を積極的に受容し、その際、「此主

義を」というのですから、「主義」という洋魂も決して排除するものではない、ということになりましょう。その対照が見事なまでに出てきています。

一八八九年憲法についてさきに述べた通り、第一条以下の本文の前に置かれた「告文」、そして憲法発布勅語は、和魂の要素で貫かれています。学界から政界、宮中にまで受け入れられた大正デモクラシーを支えた美濃部学説が一転して弾劾された一九三五年から四五年までの時期には、本文の条文には一切手を加えることなしに、しかしその運用はまさに「告文」、そして憲法発布勅語が示すような、その意味での和魂一本やりで推し進められた、ということになりましょう。

そのように、洋才と言っても二つの洋才、和魂から全く切り離しても取り敢えずは動かせる洋才と、和魂と簡単には切り離せない要素を含む洋才がある、ということです。このことについて、面白い文章があります。

洋魂の「気味わるい力」

知識人の孤立という問題文脈の中で紹介した、哲学者カール・レヴィットの一九四〇年『思想』論文(前出八二頁)の中の一節です。

ヨーロッパ的文明は必要に応じて着たり脱いだりすることのできる着物ではなく、着た人のからだのみならず魂までも自分に合はせて変形せしめる気味わるい力を持つたものである。

だからこそ、和魂が侵されそうになると、それに対する拒絶反応が噴出します。一九三五年の国体明徴に関する政府声明(第二次)は、「漫リニ外国ノ事例学説ヲ援イテ」「神聖ナル我国体ニ悖」るものとして美濃部学説を弾劾し、「万邦無比ナル我国体ノ本義ヲ基トシ其眞髄ヲ顕揚スルヲ要ス」というものでした。美濃部が依拠した洋才は、その中に不可避的に含まれている洋魂の要素を含めて、一九一〇年前後の天皇機関説論争以後、いわば公認の学説としての力を持っていたのです。もちろん、それに対する排除の力は地下でうごめいていたにしても。それが一挙に一九三五年に吹き出して、国体明徴声明の文章通りの事態が起こってしまうのです。

二一世紀の「和魂洋才」?

さて、改めて世界を見渡しましょう。一九四五年以降、とりわけ一九六〇年代から先ほど取り上げた一九八九年という区切りまでの間、経済発展という洋才がもう一つの洋才、リベラル・デモクラシーというものを自ずと世界に広げていくだろう、という楽観が一時支配します。東西の接近、そして、南の一部に過ぎなかったにしても、南の側での経済発展があった。「雪解け」という言葉はもっぱら東西関係について言われたわけですけれども、南の側のあからさまな独裁がリベラルな方向に変わっていくことへの期待も、かなりの範囲で共有された時期でした。

しかし実は一九八九年は、一方ではリベラル・デモクラシーの勝利でもあったのですけれども、他方ではすでにその時点で、レヴィットの言う「気味わるい力」を持った魂＝洋魂を敬遠する、あるいはあからさまに拒否するイリベラルな方向が、世界規模で広がり始めます。『ル・モンド』紙の論壇に著名な人類学者モーリス・ゴドリエが、二一世紀の経済大国、中国、インドについて、そしてトルコにも触れていましたが、「和魂洋才」という言葉も使って、明治日本がそのお手本的な意味を持っている、という長いインタヴュー記事を寄せました(二〇一八・六・一二別頁一―三頁)。日刊紙『ル・モンド』は、数ページにわたる論壇特集を毎週設け、丸一ページ、あるいは見開き二ページを一人の筆者に提供するようなやり方をしていますが、その種の扱いでした。

ゴドリエは、「われわれは西洋の優越の終りを生きているのだ」という客観的認識に立っており、西洋化ぬきの近代化をよしとする価値判断をしているのではありません。その上でのこととして、wakon yosai「和魂洋才」という言葉に、キーワードの意味を持たせているのです。しかしそこでは、工場と軍艦という洋才に加え、洋魂と完全には切り離すことができないようなもう一つの洋才があり、幕末から明治初期にかけての日本は、それにも取り組んでいたのだ、という面がとらえられていません。彼は、岩倉使節団(一八七一―七三)にも言及しています。しかしその点でも、明治政権の発足直後、移動政府と言ってもよいほどの顔ぶれを網羅した使節団が何を見たか、『米欧回覧実記』(一)―(五)、岩波文庫)の筆者である久米邦武の筆は、洋魂と切り離すことのできない要素を含む、もう一つの洋才のことも見事にとらえていました。

『航米日録』の見た洋才

『米欧回覧実記』は広く知られていますので、ここでは別の例を挙げましょう。岩倉使節団より一〇年以上前、一八六〇年に、日米修好通商条約批准書交換のため渡米した幕府使節団正使・新見豊前守の従臣として加わった玉蟲左太夫(一八二三―六九)が、仙台藩主に献上した『航米日録』(『日本思想大系 六六巻 西洋見聞集』)です。渡米時の玉蟲は藩籍を脱し江戸で林復斎の知遇を得、その人脈と交って志を深めていました。帰国後は仙台藩士の身分に復して藩校養賢堂の指南統取となり、藩主侍講・大槻磐渓とともに藩の枢機にかかわり、その中で戊辰戦争の収拾をめぐる藩論の混迷に巻き込まれて不本意な切腹をせざるを得なくなるのですが、彼の『航米日録』は、著者の鋭い、そして奥行きある観察眼を後世に残してくれています。

幕府正使の従臣という身分の、いわば低い目線からの観察は、「蒸気車」の機構の細部から庶民の世情にまで細かく及んでおり、その中で、かの地の政治の機構について、簡明に本筋をつかんでいます。例えば、

會盟・戰伐・黜陟・賞罰等の事。衆と會議して。其見る處の多きを以て決す。縦ひ大統領と雖とも。必す一意を以て決して。私を行ふを得す。……國例に至りては。衆部の行ふ處にして。縦令大統領と雖とも、庶民と共に之を守りて。犯す能はす。（巻之五）

外交や宣戦、そして官職の任免（黜陟《ちゅっちょく》）や賞罰までも、政権の長が勝手にできず「衆と会議して」決めるのだということ。国例つまり立法が「庶民」と同様大統領自身を拘束するものなのだということ。それをきちんと見ぬいていることに、あらためて感心してよいでしょう。何しろ、今なお、「法の支配」とか「法治国家」という言葉を、もっぱら「庶民」に向けて、〝気

に入らなくとも決まっていることだから従え〟という意味で使う人たちが、少なくないのですから。

そして「洋魂」——其国盛なるも亦故ある哉

玉蟲にとって、「洋才」は、大砲と軍艦と洋風建築だけではなかったのです。加えて、彼が藩主に献上した『日録』は「巻之七」で終っていますが、「公然之を言ふは固より不可」にしても「之を削去るも亦惜む」という思いから「敢て他人に示すには非す」として書き置いた「巻之八」があり、そこでは、「洋才」の奥にひそむ「洋魂」をも読みとっています。航海中に亡くなったアメリカ人水夫を「船将」みずからが情を尽して葬る様子に感動し、それにひきかえ「禮法愈厳」な「我國」は「凶事などあればとて外面にて悲歎するのみ」で、「萬一緩急あらは誰れか力を盡すへきや」と憂えています。その反面、暴風に遭遇した時の「船将」の行動について、こう書いています。

……彼は固より禮譲に薄けれと。辛苦・艱難・吉凶・禍福衆と同くし。更に彼是上下の別なく。況や褒賞の速なる此の如し。是以て緩急の節は。各力を盡して身を忘る。其國盛なるも亦故ある哉。長官たる者宜しく心を用ゆべし。

目上の者に叩頭拝礼する礼譲には薄くとも、人間としての連帯が危急を救う、というのです。まさしく、其の国盛なるもまた故あるかな。

多面体としての幕末・維新

そういうふうに、決して単純に和魂洋才、丸ごと和魂と丸ごと洋才ということで議論を進めることはできないような多面体のすがたを、幕末・明治の日本は持っていました。それに対し、ゴドリエが日本との関連で引き合いに出している中国、インド、トルコはいずれも、かつて大帝国であり、まさに「洋才」によって植民地支配という苦しい過去を経験せざるを得なかった共通点を持っています。そうであるだけに、二一世紀の現在、リベラル・デモクラシーという意味での洋才に対し、これら諸国の指導者たちが、それをあからさまに拒否するという立場を鮮明にしていることには、背景があるのです。

それに引き換えて明治の日本は、大帝国としての過去を持ちながらも洋才によって屈辱的な支配下に置かれた中国、インド、トルコとは対照的に、そういう経験を持たなかった。それだけに、尊皇「攘夷」と言っても、洋才に対する彼らのような深いトラウマはなかったはずです。そうであったにもかかわらず一九三五―四五年の日本は、洋才の二つの面の一方――洋魂と完全には切り離すことのできない面――の可能性を敢えて切り捨てることによって破滅した、というのが歴史の大きな構図でしょう。その破滅のシンボルが、まさに「昭和維新」であったわけで、そのような背景を持つ「維新」という言葉を無邪気に使う現代政治があるということも含めて、私たちは何度でも自分たち自身の歴史をきちんと踏まえる必要がありましょう。

兆民の「苦笑」が意味すること

「維新」という言葉が二〇世紀末から二一世紀の後輩たちによって濫用されているのですけれども、幕末から一八八九年憲法に至るまでの経過は、二一世紀の経済大国化しつつある国々の洋魂拒否とは次元の違うものでした。

一八八九年、大日本帝国憲法が発布されます。その時、民権の思想家、中江兆民がどういう反応を示したか。兆民の弟子格とでも言うべき幸徳秋水が、「兆民先生通読一遍ただ苦笑するのみ」という文章を残しています。兆民の目から見て、幕末から一八八九年時点に向けての起伏と波乱に富んだ憲法制定前史が自分自身の政治実践でもあったわけですから、あれだけのことをやったのに、つまるところ落ち着いたのはこれかという苦笑なのであって、頭から絶望しているという話ではないでしょう。

先ほどから度たび引用している穂積八束自身が、教科書の序文で、「憲法制定ノ前後、当時世論ノ危激ナリシコトハ今ノ学生ノ想像ノ及フトコロニ非ス」と書いているほどです。そういう近い過去を生きてきた兆民にとって苦笑するのみであったという、この幸徳秋水による証言は、裏表をよく認識した上で受け止める必要がありましょう。そういう意味での苦笑であったことをふまえてこそ、兆民自身、「恩賜的民権」＝上からの頂き物としての民権と、下から勝ち取った「回復的民権」を対置して説明した上で、しかし、恩賜的民権を回復的民権にまで組み換えていく可能性を、『三酔人経綸問答』(岩波文庫)の「南海先生」として強調していたことの意味を、浮き彫りにすることができるでしょう。そして、その可能性は現に、大正デモクラシーへとつながっていくのです。

洋魂の根っこにある「個人」

さて、明治の洋才は洋魂を完全に閉め出すわけにはいかなかった、ということに繰り返し触れてきました。それなら、実は洋才なるものの根っこにある洋魂はどういうものなのか。

論理化された思想を西欧憲法思想史の中で典型的に挙げれば、ジョン・ロック（一六三二―一七〇四、『完訳 統治二論』加藤節訳、岩波文庫）ということになりましょう。しかし同時に、ロックに先立つトマス・ホッブズ（一五八八―一六七九、『リヴァイアサン』㈠―㈣、水田洋訳、岩波文庫）が、私に言わせれば重要です。近代以前の政治思想が、あるいは伝統というもの、あるいは神の意を受けた支配者の意思、そういうものによって統治を正当づけるのに対して、ホッブズが、諸個人の取り結ぶ約束、つまり契約によって社会の成り立ちを説明するという一つの大転換をしたのです。出来上がった国家という社会は、リヴァイアサンという怪物になぞらえるほど強力なものでありましたけれども、しかしその出自は人々の、諸個人の約束事というフィクションによって説明されるものでした。

だからこそ、ホッブズ自身が、リヴァイアサンを「この死すことある神」(mortal God)になぞらえているのです。契約の所産ですから契約解除という論理があります。そう簡単に解除できないということもホッブズの論理は含んでいるのですけれども、契約の所産であればその契約は解除され得る。そういう人間の意思に基づく人為的構成物が国家なのだ、ということです。ホッブズについては、権力を預けた個人の側からの抵抗権が究極の場合にあり得るか、ホッブズの抵抗権ありや否や、という専門家の間で論じ続けられてきた論点があります。ロックは言ってみればそれを表に引き出して、個人の意思に基づく契約である以上契約解除の可能性、つまり服従しない可能性があり、究極的な場合には抵抗権へと論理がつながってゆく。こうして抵抗権の論理が表面に出てくるということになります。そういう文脈の中でとらえられた「個人」が、洋魂の根っこにあるのです。

「社会の性格」と知識人の間

一八八九年帝国憲法だけのことではなく、一般に、憲法の条文にまるごと「個人」という字面が出てくるということはありません。そうであるだけに、一八八九年憲法の下での知識人の格闘が展開するのです。「国体」が和魂に支えられ、そして和魂の根本にあるのが、日高社会学を検討（前出Ⅱ1）した際に取り出した醇風美俗です。国体と醇風美俗の相互連関の中で堅固なものとされる和魂。それとの知識人の格闘が、私たちに多くの示唆を与えます。一九四六年憲法で、憲法の条文そのもの、一三条に引き出された「個人」という観念は、それだけに大きな重みを持っているのです。ポツダム宣言に言う「日本における民主主義的傾向の復活強化」の核心としての重みがあるということです。

二〇一四年に私は、コレージュ・ド・フランスでの講義を求められた機会に、日本近代における「個」の観念の辿った道程という話をしました。冒頭、現役の日本研究者であるエマニュエル・ロズランが日本でした講演を引き合いに出しました。その講演のタイトルで申しますと、「日本には個人が存在しない このステレオタイプの系譜」という表現です。もちろん、そういうお定まりの議論を批判するという見地から、日本に個人がないなんて、そんなことはない、という講演です。その結論は彼の指摘の通りです。しかし、幕末・明治の初め以降、「個人」という観念がいかに重要かを説く言説が繰り返されてきたのは、実はそれが社会にすっぽりと受け入れられてはいないからだという事実、これが憲法論にとっては一番肝心のことなのではないでしょうか。

実際、知識人と社会そのものの雰囲気との間のへだたり、それこそが問題なのです。Ⅱでエーリヒ・フロムのsocial character(社会の性格)という言葉を引き合いに出しました。明治の民権論に即して言っても、むしろその大勢は、当時のはやり言葉で言う「よしやシビルはまだ不自由でも、ポリチカルさえ自由なら」と歌い囃して歩くのが一つの世相であったそうです。多くの当事者にとって、直接には何より権力奪取の闘争なのだ、ということでしょう。「シビルは不自由」のシビルとは、いまで言う基本的人権です。思想良心の自由、言論の自由、よしやそれは不自由でも我々が政権を奪取することが目的なのだという、これが自由民権活動の主流であったと言えるでしょう。

「シビル」と「ポリチカル」を結ぶ

それに対して、個人としての自由こそが近代のあらゆる約束ごとの根底にあるのだ、という考え方があるはずです。そのことについて、そもそもが法制官僚であって、そういう立場で外国留学もして、大隈重信と同じような立場で政治に関わることとなった小野梓(一八五二―一八八六)の場合に注目したい。彼は憲法発布を待たず早世するのですけれども、一八八〇年代に憲法の本と民法の本を、ほぼ同時に出すのです。言ってみれば「シビル」と「ポリチカル」を区別しない。これは密接不可分だ、というわけで、この二冊の本には共通の文章の部分もあるくらいです。

憲法のほうは『国憲汎論』で、一八八三年から八五年に分冊で出ています。民法のほうは面白い書名で、『民法之骨』というのです。民法要論、民法の基本という意味で、一八八四年に出しています。こういう著作の中で彼は、我々の目指す社会は「独立自治の良民を以て組織するの社会」であると強調し、それを念押しして、「一団の家族を以てその基礎となす社会」ではなく、「衆一個人を以て基礎となす社会」、これが近代社会だと言う。民権の思想系統の中でも、それだけの違いがあったのです(早稲田大学出版部により一九七八―八二年刊『小野梓全集』)。

下って、知識人たちの個人論は、あまりにも有名な漱石の「私の個人主義」など、いま読み返してもも大変貴重な示唆を与えるものがたくさんあります。しかし、フロムの言う「social character(社会の性格)」としてはどうかというと、これも先ほどのカール・レヴィットの、日本の知識人は二階建てに住んでいる、二階には古今の西洋の思想家や学者が並んでいるが、しかし一階はそれまでの日本と同じような生活がある、この一階と二階を彼らはどのように行きつ戻りつしているのだろうか、というふうに描き出したような状況がある。まさに知識人の孤立ということを、カリカチュア的に描いてくれているわけです。

しかもレヴィットの言う一階からの孤立だけではなくて、いわば中二階に、例えば学歴を基準にするならば知識階級一般と言っていいような人たちとの関係という問題が加わります。個人としての精神の自立を必須の条件として自ら意識する知識人だけではありません。大正から昭和へと入ればそれだけ高学歴者は増えてくるわけですから、知識を持った人々という意味での知識階級、これが中二階にいる。そうなると、その中二階からも孤立することになるのです。

鷗外と荷風

知識人たちの個人観について、誰でも知っている二つの例だけを挙げたいのですけれども、物を書く人たちの中では、大日本帝国の高官でもあった鷗外と、在野を代表して荷風です。

鷗外は大逆事件の同時点で、『三田文学』(一九一〇・一一)に「沈黙の塔」という小編を書いています。幸徳秋水らの検挙のあと判決に先立つ時点のことです。この小編で寓話ふうの筆致を通して、思想の抑圧というものがどれほど無意味なものか、痛烈に描き出しています。しかし表の顔は大日本帝国の軍医総監であり、さきに「かくれた賢者」という日高の表現を取り出しました(七八頁)けれども、鷗外は、いわば表の顔を持つ「かくれた賢者」だったわけです。「沈黙の塔」という短編を大逆事件と同時点で書くという驚くべき仕事をしながら、生活の面では公私ともに自分の「個」を消しています。そういう意味では孤立でした。

荷風の場合にはどうなのか。よく知られているように、大逆事件の時に自分は沈黙していた、ドレフュス事件で亡命までしたエミール・ゾラと、いかに自分は違ったか、と書くのです(「花火」一九一九)。その沈黙を恥じて、意識的に世の中から離脱するのです。身辺離さず避難先に持ち歩いていたという日記、それがやがて『断腸亭日乗』(岩波文庫)という書物になるのですけれども、一九四五年五月三日の項で「新聞紙ヒトラー、ムソリニの二兇戦敗れて死したる由を報ず」と、「二兇」という文字を書き残している。これは荷風の名誉であったでしょう。その彼が、翌々四七年五月三日の項に「米人の作りし日本新憲法今日より実施の由。笑ふべし」と記しているのは、大逆事件以後の世情との妥協を固く拒否し続けた矜持と、にもかかわらず沈黙していた恥の意識を映した、荷風だからこそ書くことのできた表現ではないでしょうか。

大学人の場合

言論界や政治エリートの世界で影響力を及ぼしていた知識人が逆風に曝されるとき、抵抗の基体となるのは彼自身の「個人」です。

大学人の場合を挙げましょう。吉野作造は大正デモクラシーの旗手として言論界を主導しました(岡義武編『吉野作造評論集』岩波文庫)。吉野は宮城県北の古川の生まれです。創設期仙台一中の出身で、当然のことながら郷土の自慢でした。吉野は一九三三年に五〇歳代半ばで病死いたしますけれども、ちょうど政党政治が輝きを失って、政党政治と正反対の方向に日本が向かっていく中で、郷党の扱いも肩身の狭いものになっていったようです。劇作家・井上ひさしの『兄おとうと』は、次第に深まる孤立の中で言論と実践活動を貫く吉野のすがたを描いています。

美濃部達吉の場合には、長生きしただけに、明暗はもっとはっきりしています。一九一〇年前後、奇しくも大逆事件と裏腹になっているところが日本近代史の逆説ですけれども、天皇機関説論争を経ることによって、まず学界から始まって、官界、政界が、そして宮中まで含めて、天皇機関説の考え方に従ってリベラルな憲法運用が通説化していく。天皇機関説の論理は、統治権の主体は法人としての国家だと考え、君主を法人としての国家の機関として位置づけます。美濃部は、国家機関のなかで「国家の最高の地位に在つて」「国家の総ての活動」の「原動力」を発する「機関」ということが、「通俗に主権者と言ひ慣はして居る」ことの正確な意味なのだ、と説明します。

中等教員むけの文部省主催の講演をまとめた『憲法講話』(初版一九一二、高見勝利解題、岩波文庫)の初刷では、「上は君主より下は交番の巡査に至る迄」無数の国家機関がある、という言い方までしていました。その美濃部自身が一九三二年には貴族院議員に任ぜられていたのですが、一変して一九三五年に「国賊」として指弾されます。当初は学説のことは学説に委ねるとしていた政府も「国体明徴」(第二次)を発して機関説を弾劾し、美濃部は帝国学士院会員を唯一の例外として、公的地位を奪われることになります。

国家目的と醇風美俗との結託が、ここでもまさに当てはまります。「国賊」と呼ぶのは醇風美俗のほうです。貴族院議員の辞職を促すのは国家目的で、普通「国体」と呼ばれているものです。この密接な連関そのものが、一つの事件における「和魂」のあらわれということになります。

「東」の美濃部と並ぶ「西」の憲法学者＝佐々木惣一は、京大事件の政府の処置に抗議して、他の同僚たちと同時に京都帝大を辞職して主張を貫きます。一九三三年刑法学者瀧川幸辰の学説を理由にその辞職を要求した政府に対し、教授任免には教授会の同意を要するという慣行が破られたことに抗議して法学部全教官が辞表を提出したことに始まる一連の経過の中で、佐々木は最後まで、学問の自由と大学自治のために主導的役割を果たしました(『立憲非立憲』石川健治解題、講談社学術文庫)。

そして一九四五年八月

一九四五年を境にしてどうなるか。

国家目的＝「国体」は憲法一条によって国民主権へと転換します。醇風美俗のほうは、象徴的表現として言えば、憲法一三条の個人の尊重によって転換される。その転換に対し、かつて「国体」と「醇風美俗」の組合せに抵抗した人たちはどう対応したでしょうか。

佐々木惣一は貴族院議員として、一九四六年憲法の最終審議で、堂々たる長い反対演説をいたしました。美濃部達吉は、朝日新聞紙上に三回にわたって、憲法改正不要論を公にしました。永井荷風は、先ほど引用したように、「米人の作りし日本新憲法」「笑ふべし」と突き放しています。佐々木、美濃部、荷風三者の反応から我々が知ることができるのは、占領下にあっても、ものを考える自由、さらにはそれを公表する自由をみずから行使した個人はいた、ということです。黙っていた人々を代弁して、あとになってから「押し付けられた」という言説を繰り返す人々がいかに知的な誠実さを欠いているか、目に見えるのではないでしょうか。

文字通りの科学技術的な洋才と社会テクノロジーにかかわる洋才、この二つの洋才のうち後者に当る「立憲ノ政」、そしてそれを突き詰めると個人の尊重という洋魂が、改めて和魂と綱引きすることになります。綱引きは、目に見える形では、基本権保障をめぐるさまざまな裁判例等になってもあらわれてきていますし、裁判例となった素材の向こう側には、もっと無数の日常的な国民生活の現実があるはずです。その中で、憲法一三条から「個人」の二文字そのものを消そうとする改憲案（→Ⅲ2）がある、というのがいまの現実です。

2 二〇一二自由民主党「憲法改正草案」——脱近代憲法としてのモデル性

なぜこの草案を重く見るのか

「自由民主党日本国憲法改正草案」という文書については、これまでの行論の中で度たび言及してきました。この文書は、「平成二十四年四月二十七日(決定)」と付記され、長文の「Q&A」という説明パンフレットとともに広く配られ広報されました。四月二七日という日付は、その六〇年前の四月二八日、連合国と日本国との間の平和条約発効により日本の法的地位が独立した「主権国家」となったことを、連想させるでしょう。実際、「Q&A」は「占領体制から脱却」し「主権国家にふさわしい国にする」ことを、冒頭に謳っています。

この草案は、現憲法の基本性格となっているリベラル・デモクラシーに対して、Iでとりあげたネオリベラルとイリベラルの組合せを対置したものとして、他の諸国と比較しても重要な意義を持っています。そのことはたびたび論点ごとに触れてきましたが、この2の主題として、あらためて論点を整理しようというわけです。「草案」が決定されたのは自由民主党が野党の立場にあった時期でしたが、政権党となった今でも、五十数回にわたって党内の議論を重ねた上での公党の重要な「草案」であり、撤回されてはいない筈だからです。

ところで、二〇一二年草案を棚上げした形のまま、現行の九条には手をつけないまま自衛隊という存在を書き加えるという、いわゆる加憲の考えを、首相みずから支持団体の集会へのメッセージという形で示しました(二〇一八・五・三)。他の項目を合わせ四項目の加憲提案が、現在「自民案」と言われているものです。加えて、二〇一九年参院選直後の時点で、首相はそれを「最善と考えるがとらわれることなく、柔軟な議論」をするから改憲の協議に野党も加われ、と述べています(七月二二日首相記者会見を二三日付各紙が報道)。この「とらわれない」については、法改正、とりわけ憲法改正を提唱する際の作法を問う後出Ⅲ3の主題としましょう。

三・一一の衝撃に直面した憲法一三条、九条、一条

二〇一二年草案が公にされ力をこめて広報されるのに先立つほぼ一年前、私たちは二〇一一年東日本大震災の悲劇的状況に直面し、〈三・一一〉の天災と人災とその複合が引き起こした未曽有の困難な状況の中で、自分たちの公共社会の骨組(=constitution)をそれでも支えてきたものは何だったかに、思い当っていたのではないでしょうか。憲法(=Constitution)という観点か

ら、私は三つのことを取り出して書いたことがあります。

何よりの根本は、憲法一三条の「個人」でした。二〇世紀から二一世紀への展開の前後から「無縁社会」という言い方さえされていたのに、共感し合う無数の諸個人が、自分たち自身の思いで連帯し合った体験の貴重さ、です。

そして、憲法九条のもと「専守防衛」の約束ごとに服してきた自衛隊員たちの誠実で効果的な救援・復旧活動が、自治体公務員・警察官たちと共に国民生活防衛に大きな役割を果たし、住民の信頼にこたえたこと。その後、私は機縁を得て元・自衛官、故・泥憲和さん(『泥憲和全集』全一巻、二〇一八)と対談する機会がありました(『図書新聞』三二六三、三二六八、三二六九号、二〇一六)。彼は、義務教育を終えて任官した際に――というのですから五〇年近く前のことです――上官が〝諸君は心ない言葉を投げかけられることがあろうが、その人達をも含めて国民を守るのが君達の役目なのだ〟と訓示した言葉をよく記憶している、と語ってくれました。そう訓示する上官がいて、一五歳の少年がその意味を受けとめ記憶に刻みこんできた、という小さいけれど深い意味を持つエピソードは、大震災時の自衛隊員たちのすがたを裏打ちしてくれるのではないでしょうか。

最後に、「国民統合の象徴」(憲法一条)としての天皇が皇后とともに被災者を励まし、救援に力を尽す人びとをねぎらう、その存在のたしかさがあります。〈三・一一〉の悲劇的状況の中の明仁皇室が示した「国民統合の象徴」の実像を目にしつつ私が考えてきたことを、述べておきましょう。

「日本国の象徴」と「日本国民統合の象徴」

憲法一条は、「天皇は、日本国の象徴であり日本国民統合の象徴であつて――」という書き方をしています。「日本国及び日本国民統合の象徴」のほうが法令用語として自然ではないかと思われるのに、そうなっていないのです。そのことに疑問を持つようになった私が「国の象徴」と「国民統合の象徴」の意味の違いについていま自問自答しているのは、次のことです。

「日本国」の国家意思は、多様な政治上の主張が可能な限り自由に競い合うことを前提として、対立の中で形成されます。そこでは、対立は、国家意思成立の必要不可欠な前提であり、その過程は国民の選挙という正統性根拠を根源とし、その中での天皇の役割は憲法所定の「国事に関する行為」――およびそれとの近い関連性を十分に論証できるような行為を含めて「国事行為」と言うことにする。以下同じ――に限定され(四条)、「内閣の助言と承認」(三条)に服さなければなりません。日本国憲法についての最も標準的な大部の註釈書(宮沢俊義『日本国憲法』法律学体系コンメンタール篇、初版一九五五)が天皇という国家機関を「虚器」と静態的に説明するだけでなく、「めくら判」をおすだけのロボット的存在」という表現をあえてしているのは、戦後ようやく一〇年という時点での刊行という時代背景を思うとき、よく理解できるでしょう。

他方、現憲法の案を審議した最後の帝国議会の内外で天皇の地位を表現するのに広く用いられていたのは、「ロボット」とは正反対の「人間天皇」という言葉でした。宮沢とともに戦後憲法学形成期にそのありようを底礎した清宮四郎は、憲法一条の解釈論の中でそれを「人間象徴」という表現で受けとめました(『憲法要論』初版一九五二)。国旗や紋章、あるいは花などモノを象徴とするのでなく、ヒトを象徴として指定する日本国憲法は、「国」を象徴し国事行為「のみ」を行い内閣の助言と承認に服する国家機関としての天皇とならんで、「国民統合」を象徴する人間としての天皇をも想定していたのではないでしょうか。

危うい循環の持つ意味

もとより、「日本国民の統合」は国民みずからが己れの手で形成してゆくほかないものであり、形成途上のその状態を「象徴」する地位にあるのが天皇です。選挙という政治過程によって表現される国家意思が時として統合からほど遠い状況を作り出すことはあっても、戦後日本国民は、戦後民主主義へのゆるやかなコンセンサスを通して、統合に向かって歩んできていたのではないでしょうか。日本国憲法下で即位した最初の天皇となった明仁天皇は、ひとつの典型的な仕方で「日本国民統合の象徴」のあり方を、美智子皇后とともに表現してきたのです。「人間」として位置づけられる以上、その限りで天皇は「単に静的な存在」ではなく「自由と責任の主体」(三谷太一郎、『毎日新聞』二〇一九・五・三インタヴュー)でなければならないでしょう。二〇一六年八月八日TV放送での、慎重な表現を選びながらも明確な内容を伝える天皇自身の「お気持ち」表明は、まさしくそのような「国民統合の象徴」としてのあり方を全うしたいという意思を、「国民統合の象徴」として示したものでした。

デモクラシーには、デモスの専制(独裁=dictature になぞらえれば démocrature)へと傾く要素があります。「日本国」の象徴は、それをも上書きしなければなりません。「日本国民統合」の象徴はそうなる事態を未然に抑止する叡知の優位(épistocratie)を表現しようとするでしょう。もとより後者にも逸脱の可能性が内在しています。そのような危うい循環の上に、「日本国民」がとり結ぶ「日本国」というひとつの公共社会(res publica)が成立するのです。

以上のような私の現在の考えと重なり合う論述が、蟻川恒正「天皇の憲法解釈」(『法律時報』

に二〇一九・九)の周到な筆によって示されています。同論文は前出の三谷インタヴューとともに私の旧稿二点を適切な文脈で引用しつつ、「非国事行為の場面での天皇の制度を支える原理とすべきは、天皇の地位にある個人が天皇の「務め」を遂行するに当たって行使する自由と責任の原理でなければならない」と結ばれています。私の二〇〇七年旧稿で自問していたのは、「「人間」としての天皇の存在そのことが、国政場面でのカウンター・バランスを意味することになっている」という「状況を受益者として受け入れているだけの国民のありよう」でした。それに対し蟻川は、国民主権にとって容易ならざる命題を明示することにより、全き意味での主権者であることを放棄するのか否か、それを正面から国民に問い直したと言えましょう。

それだけではありません。非国事行為の場面で自由と責任の主体とならねばならぬ天皇像は、「人間」でありつつも人権の主体ではないはずの天皇に、国民統合の象徴であろうとするための苛酷な――非・人間的なまでの――負担を求めることを意味します。国事行為＝「日本国の象徴」と国事行為以外＝「日本国民統合の象徴」との両立が決定的に破れるとき、「自由と責任」の主体は窮極の選択を余儀なくされるでしょう。そこには、このところ通俗化されてきたひとつの成句が、重い意味合いに裏づけられて新鮮な様相を呈しつつあらわれます。――ノブレス・オブリージュ。

天皇の国事行為を限定的にとらえることの意味

ところで、憲法一条の解読に託した私の問題意識と重なる事柄を、憲法九九条の解釈として提唱する本があります。数学者として米国での教職歴を持つ著者による秋葉忠利『数学書として憲法を読む――前広島市長の憲法・天皇論』(二〇一九)です。

「天皇又は摂政及び国務大臣、国会議員、裁判官その他の公務員は、この憲法を尊重し擁護する義務を負ふ」と規定する憲法九九条に関して著者は、天皇の国事行為が内閣の助言承認を必要とする以上、「天皇に憲法を遵守してほしいのであれば、内閣の遵守義務を強調すべきであり、従ってまた同条は助言と承認を行う内閣に憲法遵守義務の重大性を強く認識させる「抑止的効果」を持つ」のだ、という論点を明らかにしてくれています。但しそれに続けて示される「三権が憲法違反を犯すとき」天皇の「出番」がある、という定式化には同調できません。「立憲主義や法治主義の否定、国そのものの存在が問われるときの実存的な要請としての天皇の行為」――「いや、「要請」ではなく「義務」としての行為」――として天皇が発言する、という想定です。

九九条の憲法尊重擁護義務は、国事行為しか行わない天皇が「公務員」として行う行為についてのものであり、九九条に従おうとすればするほど実は憲法に反する行為をもしなければならない可能性を含みます。その場面で天皇は、選挙ないし国民投票によって示される国民意思に基く国家機関の行為を匡正する急場の神(デウス・エクス・マキーナ)にはなり得ません。そのことをあらかじめ明確にしておくことこそが、破局に直面することのないよう主権者国民が、みずから発揮できるはずの「抑止的効果」に思いを至すための前提として、必要ではないでしょうか。

　天皇の国事行為とそれ以外の行為の区別という問題の重要性が際立って現われた典型例が、二〇一三年四月二八日に政府主催で行われた平和条約発効六一周年に合わせての記念式典でした。式典への天皇の出席は、形式の上ですでに、内閣の助言と承認に従うべき国事行為であるのかどうか、問われなければならないものだったはずです。

　加えて、何より実質の問題があります。前出蟻川論文は、「主権回復・国際社会復帰を記念する式典」についての事前説明に来た政府の担当者に、「その当時、沖縄の主権はまだ回復されていません」との天皇の言葉が伝えられた、という新聞記事に言及しています。「国民統合の象徴」にふさわしくないことを認識しながらも、それでも国事行為としての出席を求められているのなら止むを得ず従う他ない、ということだったでしょう。

国事行為ならば、内閣の助言と承認に従って天皇が「ロボット」の役を演じたからといって、批判の標的となった法律が公布され、あるいは疑わしい恩赦が認証されても、その法律や恩赦が特に政治的に権威づけられることはないでしょう。しかし、国事行為の他に内閣が助言と承認の対象とする天皇の公的な行為類型をみとめるとなると、状況は変わります。前出の清宮学説は、もともとは、そうすることによって天皇の「象徴としての行為」を内閣とそれを支える国会、そして国民主権という正統性の統制の下に置こうとするものでした。しかし、国民主権という正統性の一方的肥大という状況の中で、その構図の実質は、危ういものに変化します。前述二〇一三年四月の式典の例は、天皇の公的行為の非限定的な拡大によって生じた領域で、「ロボット」を入力者の特定の政治的意図に従って動かそうとしたものとなったのです。

元号を定める経過

二〇一九年四―五月、明仁天皇の退位と徳仁新天皇の即位、それに伴う平成から令和への改元という出来事がありました。

元号はもともと中国の伝統であり、帝王が時間を支配し歴史を支配するという意味づけを与えられてきました。仮に国民主権が時間を支配し歴史を創るとして、具体的・制度的に言えば有権者→国会→内閣という正統性のルートが問題になるでしょう。

そう考えると、内閣の長が元号の決定過程で目立つほどの役割を演ずることも、「国民主権」の意味づけ次第によっては正当化されるでしょう。しかし、元号とは、国民が天皇をその名で国民統合の象徴として歴史の中に記憶することになるものなのです。それを決定し公表する場面で過剰な政治の存在感が示されないようにする、自制が求められていたのではないでしょうか。

日本国憲法下での最初の改元のときの竹下登首相と今回の安倍首相のその点でのふるまいは、裕仁天皇逝去による新天皇即位に伴う改元と明仁天皇の生前退位によるそれという事情の違いだけでは説明できないほど、程度の差を越えて対照的でした。

ここでも、国民統合の象徴としての天皇像と、国の象徴として必然的にその時々の国民多数の政治上の選択を映し出す天皇像の仕分けを考える、という問題意識の出番があるはずです。

重複を厭わず、繰り返しましょう。

「日本国の象徴」である以上、国事行為に関する限り、天皇は、統合どころか国民を分断する傾きを持つ政権下の「内閣の助言と承認」にも従わなければなりません。その天皇と、「日本国民統合の象徴」であり続けようとする天皇が、「人間象徴」ゆえの「自由と責任の主体」

として、同一人格の中に並び立っているのです。

二〇一二年改憲草案によって逆照射される一九四六年憲法

ようやく、二〇一二年自民党改憲草案をとりあげるところまできました。まわり道としては長すぎたきらいがあるかもしれません。しかし、草案そのものについては、二〇一二年一二月に安倍晋三政権が再登場して改憲の意図を改めて明らかにした段階で、私自身拙速を怖れず公にした本がありますので、ここでの記述を簡潔にすることができましょう（『いま「憲法改正」をどう考えるか——「戦後日本」を「保守」することの意味』二〇一三・五。なお誤字、脱字、不注意による誤りは同年七月刊の増刷以後訂正）。加えて何よりも、明仁天皇在位の三〇年間の政権の憲法運用史にかんがみて考えてきた憲法一条の読み方について、初めて活字化する機会を活かそうとしたからです。

これまでこの本で要所ごとにそれぞれの文脈に沿いながら、二〇一二年草案に触れてきました。ここではまず、二〇一二年草案の特徴によって逆に照らし出される一九四六年憲法の基本性格を、重複をいとわずもう一度確認することから始めましょう。

現憲法は前文で「人類普遍の原理」に言及することによって、近代リベラル・デモクラシーの本流に属するという自己規定をしています。憲法本文に入ると、いちばん基本の意味を持つのは、一三条「すべて国民は、個人として尊重される」という条文です。ホッブズに始まり、ロックからルソーへと続く、統治構造のあり方は違う——むしろ対照的ですらある——にしても共通するのは、個人の意思を出発点として社会の成り立ちを説明する社会契約の思想です。その意味で個人をすべての議論の出発点に置くこと。それがリベラル・デモクラシーの要石です。

具体的に列挙されている基本的人権の中心に置かれるのが、個人にとってかけがえのないココロの自由にかかわる一九条(思想・良心の自由)、二〇条(信教の自由と政教分離)、二一条(言論、出版、集会、結社その他一切の表現の自由)、二三条(学問の自由)です。その個人が自立した存在でありうるための物質的条件として、経済領域について二二条一項(居住移転、職業選択の自由)と二九条(財産権)があり、これら二つの条文については、個別の基本権条文としてはこの二カ所にだけ、「公共の福祉」による制約(二二条一項と二九条二項)が明記されています。

国家からの自由を基本とした上で、その国家が「公共の福祉」実現のために介入する可能性を認めたのが、それら二カ条でした。そのこととオモテ・ウラの関係にある一連の条文がありまず。二五条(健康で文化的な最低限度の生活を営む権利)、二六条(ひとしく教育を受ける権利)、二七条(勤労の権利)、二八条(団結権、団体交渉その他の団体行動をする権利)です。これら社会権と呼ばれる一連の権利は、国家が積極的に社会的経済的関係にかかわって行くことを通して、「すべて国民(が)個人として尊重される」社会の内実を裏づけてゆくべきだという思想に、基づいています。

加えて特別に重要な意味を担うのが、家族に関する二四条です。この条文は、婚姻が「両性の合意のみに基いて成立」(一項)することを定めた上で、「個人の尊厳と両性の本質的平等に立脚して」法律が制定されるべきことを定め(二項)、実際に、一九四七年、民法第四編(親族法)と第五編(相続法)が全面的に改正されました。

憲法一三条の「個人」の「尊重」を前提として一連の基本的人権条項が導き出される中で、二四条にだけ、改めて「個人の尊厳」が明記されているのです。それは、何よりも、戦前、「家」と「家長」の観念に基づく大家族制度が個人の自立を妨げる桎梏となっていたという認識をふまえて、あえて言えば家族からの個人の解放可能性をも含意していた、と私は理解しています。

文言に即して読む二〇一二年草案──「個人」から「人」へ

二〇一二年自民党草案は、以上の点すべてについて、現憲法と対照をなしています。その対照を、できるだけ文言に即して示してみましょう。

前文は全文が書き換えられます。書き出しの「日本国民は、……この憲法を確定する」(現)から「日本国は、……統治される」(草案)となります。現行前文のキーワード「人類普遍の原理」は、「長い歴史と固有の文化」への言及へと変わり、「国と郷土」「和」「家族」「良き伝統」など、日本の特徴と起案者が考えたであろう要素が列挙されています。

それに対応する本文各条を見ましょう。現行憲法は、二一条一項と二九条二項を除いて、権利保障という原則のみを明記しています。実際には、〇〇の自由、〇〇の権利を有すると言っても、どこまでがその自由、権利なのかは法律内容によって枠づけられ、その法律が憲法上の自由、権利を制約しすぎているか否かは裁判によって争われる、という仕組みになっているのですが、草案は始めから憲法自身の文言に制約の可能性を書き込みます。

二一条の表現の自由については、「前項の規定にかかわらず……」という第二項を新設し、「公益及び公の秩序を害することを目的とした活動を行い、並びにそれを目的として結社をすることは、認められない」というふうに。二八条の労働者の団結権等についても、新設の第一項で公務員についての制約可能性を明示しています。憲法という同じ効力段階の規範に、原則的承認と制限可能性という二つのことを書く。それは、原則と例外だったはずのものを、等価値のものとして扱うことを意味するでしょう(「左手で与えて右手でとりあげる」?)。

草案前文には、実はもうひとつの特色があります。古き良き日本を表象する要素を強調する一方で、それとは容易に両立し難い要素に言及していることです。「活力ある経済活動を通じて国を成長させる」という文言です。それに対応して、本文二二条一項と二九条からは、公共の福祉による制約可能性を示す文言が消え、それぞれ、「居住、移転及び職業選択の自由を有する」、「財産権は、保障する」という、言い切りの保障形式になっています。財産権については、「公共の福祉」が消されるかわり、「公益及び公の秩序」への適合が求められています(二九条二項)。

草案前文の二つの顔とそれに対応する二系列の本文条項の間の関係は、さきに問題にした〈二重基準から逆二重基準〉への転換(前出五二—五四頁)を、意味します。ココロの自由を自由の骨格と見てマネーの自由を相対化するのが西側憲法のポスト一九四五年基準だったとすれば、その逆転、ということです。そのことはまた、ネオリベラルの要素とイリベラルの要素を、同時にひとつの憲法の内部に取り込もうとすることを意味するでしょう。

以上のような「草案」の前文と権利条項の性格を総括的に表現するのが、現行一三条の「……個人として尊重される」から「……人として尊重される」への変更です。思想史の上で近代を特徴づける「個人」から、そのような思想性を捨象して「人を殺した者は……に処する」(刑法一九九条)という場合などに使われる「人」への変更です。

草案は、二四条では三項に「個人の尊厳と両性の本質的平等」という現行の文言を維持しています。しかし、「婚姻は両性の合意のみに基いて成立」するとしている現行の文章から「のみ」を注意深く削除していることからすれば、そのように扱われる「個人」はもはや「尊厳」の主体でありえないでしょう。

そのような疑問に加えて、新設される同条一項が、家族と婚姻に関する基本原則として、「家族は、社会の自然かつ基礎的な単位として、尊重される。家族は、互いに助け合わなければならない」、と述べていることの問題性があります。「社会の自然かつ基礎的な単位」という表現は、「経済的、社会的及び文化的権利に関する国際規約」(国際人権規約)一〇条一項と共通です。但し、条約はそのような家族に対する「できる限り広範な保護及び援助」が「与えられるべき」ことを締約国に求めているのに対し、草案は家族内の自助を求めていることに注意しなければならないでしょう。

夫婦が同一の氏を称すべきことを定めた民法七五〇条を合憲とする際に、家族を「社会の自然かつ基礎的な集団単位」(以下この項で傍点は樋口)とした最高裁大法廷判決(二〇一五・一二・一六)があります。一九七九年に日本国として正式に批准し発効している国際人権規約ではなく、一九四八年の世界人権宣言の文言に従っているのです。現憲法下の最終審法廷の法律家の間でも、そのような家族観が支配的に通用しているのです。そのことを考え合わせると、「集団」単位とまでは言わないにしても、自民党草案二四条は、「個人の尊厳」の名目を維持しながらも、その実質をぬきとるものとなっています。今を遡ること一四〇年ほど前、「一団の家族を以てその基礎となす」のではなく「衆一個人を以て基礎となす社会」こそが「独立自治の良民」を育てる、と喝破していた小野梓のこと(前出一三四頁)が、想い出されてよいでしょう。

草案は、そのような基本構造――リベラル・デモクラシーからネオ・リベラル＋イリベラル・デモクラシーへの転換――の中に、「国防軍」を位置づけます。憲法第二章の標題は「戦争の放棄」から「安全保障」へと変えられ、限定なしの「自衛権」が明記される(九条二項)とともに、軍の組織と活動の基本原則が規定されます(同三項)。

関連して、新設される第九章は緊急事態に関する条項にあてられ、その宣言が発せられた場合には、「何人も、……国民の生命、身体及び財産を守るために行われる措置に関して発せられる国その他公の機関の指示に従わなければならない」(九九条三項)、とされます。国民だ従うべきことを定める憲法、という考え方は、より一般的な射程を持つ規定に強く投射されるでしょう。現行九九条の憲法尊重擁護義務の名宛て人から天皇と摂政が除かれる(草案一〇二条二項)一方、「全て国民は、この憲法を尊重しなければならない」という同条一項が新設されるからです。およそ憲法は国民が国家権力に縛りをかけるものという、伊藤博文以来この国の政治指導者の間でも前提とされてきた立憲主義の基本観念が、逆転されることになります。

憲法第一章「天皇」についてはどうでしょうか。草案第一条は「日本国及び日本国民統合の象徴」という現行の定式化を引きつぐとともに、天皇を「元首」と規定します。その点で、一九五〇年代改憲論が天皇元首化を第九条および第二四条の改正と並ぶ三本柱のひとつとして以来の流れが、引き継がれています。

「元首」と聞けば、「天皇ハ国ノ元首ニシテ統治権ヲ総攬……ス」(旧憲法四条)という規定を、それが「一八八九年体制β」(前出I 1)の下で演じた役割とともに思い浮かべる人が多いかもしれません。しかし、いま国際関係の場では、国を外に対して——実質上であれ、単に形式上であれ——代表する機関を元首(国の長＝chef de l'Etat)と呼んで、政府の長(chef du gouvernement)よりも、国際儀礼の場で上席に処遇する例が行われています。つまり、国の数だけ元首が存在しているのです。「Q&A」が紹介する党内での異論、「世俗の地位」である元首を「あえて規定」することが「かえって天皇の地位を軽んずる」という反対論の方に、注目しておきます。

他方で草案一〇二条二項が天皇の憲法擁護義務にあえて言及しないことと照らし合わせると、天皇の地位を「虚器」としてよりは、非国事行為をも公的行為として位置づけた上で、入力しやすい「ロボット」と考える方向に、草案起草者の多数は傾いているのでしょうか。天皇の国事行為に対する「助言と承認」(現行三条)が「進言」(草案六条四項)とされるのは、「ロボット」化の印象を薄める効果を期待してのことかもしれません。

第三条は日章旗を国旗、君が代を国歌(一項)とした上で、「日本国民は、国旗及び国歌を尊重しなければならない」(二項)と念を押します。元号も、第四条によって憲法上の存在となります。草案六条一項、二項に列挙される国事行為については現行六条、七条からの実質的変更はありませんが、草案六条は五項で、「第一項及び第二項に掲げるもののほか」として、「天皇は、国又は地方自治体その他の公共団体が主催する式典への出席その他の公的な行為を行う」

という包括的な規定の仕方をしています。「公的な行為」の広汎さに加えて「第一項及び第二項」が言う国事行為との異同が不分明であり、天皇が「国民統合の象徴」であろうとすることを困難にする「ロボット」化に途を開くことになる可能性が、予見されるのではないでしょうか。

統治機構の部分については、衆議院の解散を内閣でなく内閣総理大臣が決定することを明記し(草案五四条)、首相中心主義を憲法規範化しようとしていることに、特に注意しておきましょう。

3　法改正、とりわけ憲法改正の作法と没作法

さきに示したように(一四一―一四二頁)、私たちの前には今、政権の主軸与党の側が公にした憲法改正に関する三つの材料が置かれています。①野党時代に五〇回を越える会合を経て二〇一二年四月二七日に決定され、政権復帰後あらためて力をこめて広報された前文プラス一〇二カ条にわたる全面改正案。②現行条文をそのまま維持しながら第九条をはじめとする四つの課題について、それぞれ新しい条文を加える、いわゆる「加憲」案。そして、③二〇一九年参院選の直後、「とらわれることなく」憲法改正の具体案づくりに向けた野党との協議を呼びかけた首相提唱。

①については、政権党の現時点での取り扱い如何を越えて脱近代憲法としてのモデル性を持つ、という重要性に着目して、取り上げました(III 2)。

ここでは、②「加憲」という操作の法的効果を確認した上で、③憲法改正の提唱者が自分自身の示した構想に「とらわれることなく」とまで述べつつ、ともかく改正のための国会審議に

加わることを野党側に求める、という事態の意味を検討しましょう。将来、国会審議を経て各議院の総議員の三分の二以上の賛成により改正案が発議されると仮定すれば、最終的に国民投票による過半数を獲得することが求められます。そのような一連の経過の中での世論形成が、リベラル・デモクラシーの実質を左右することになるでしょうが、その場面で、「ポピュリズム」という名で呼ばれる現象が、どういう正と負の作用をもたらすか。――これらの点が、この節で述べて行きたいことです。

「加憲」ということの法的効果

憲法九条の現在の条文を変えることなく自衛隊を明記する、という案に即して、「加憲」ということの法的効果につき、――「加憲」の内容以前のことがらです――明らかにしておく必要があります。

問題の次元は二つです。第一に、憲法（九条）と法律（自衛隊法ほか）は、上位規範と下位規範のタテの関係にあります。第二に、憲法（現九条）と憲法（憲法改正後明記されることとなる自衛隊）は同位のヨコの関係に置かれることになります。

まず第一の場面で。現在の自衛隊、すなわち、二〇一五年の法律改正によって集団的自衛権

（少なくともその一部）の行使までを可能とされた自衛隊の法的地位は、上位規範である憲法九条との適合性を強く――かつ、法律家たちの広い範囲で――疑われていました。その自衛隊を憲法規範化することは、今後に向ける違憲の主張を不可能にします。これまで、憲法規定についての判例や政府解釈で、法律についての違憲主張を斥ける合憲判断が有権的に通用している例は無数にのぼりますが、違憲主張を不可能にするため法律段階の規範内容を憲法段階に格上げする対抗措置を実現する、最初の例を作ることになります。

つぎに第二の場面で。同位の法規範の間では、「後法が前法を破る」（ラテン語のきまり言葉でlex posterior derogat priori）というルールが原則としてあてはまります。

わかりやすい例を挙げると、アメリカ合衆国憲法で、連邦議会下院議員の定数の各州への人口に応じた配分について、憲法制定時の条文――自由人以外の者の人数は五分の三として計算するという内容（一条二節三項）――が今でも憲法典の字づらの上では残っています。しかしその部分の効力は、のちの憲法条文追加（修正一四条二節、修正一六条）によって打ち消されています。

現状を憲法の文言に書くだけだから心配はいらない、という説明が今ふうに言えば端的に「フェイク」な言説であることは明らかでしょう。

「違憲の憲法」という考え方もある

なお、以上の説明の中で、後法優越のルールが「原則として」あてはまる、という言い方をしました。というのは、そういう原則にもかかわらず、「違憲の憲法」がありうるという考え方に、触れておく必要があるからです。

憲法という一つの規範段階の中に実は骨格となっている「憲法の憲法」があり、それに反する条文は違憲となる、という考え方です。ドイツ連邦共和国の憲法(「基本法」という正式名称は、一九四九年に西ドイツの憲法として成立したときの事情を反映しています)の、ナチス体験をふまえて語られる「自由で民主的な基本秩序」(二一条二項)、遡って「人間の尊厳」の「不可侵」(一条)という鍵概念が「憲法の憲法」に当たるとすれば、そういう論理が成り立つでしょう。連邦憲法裁判所も、実際に特定の憲法改正につき違憲判断を下したことはないにしても、そのような論理の成立可能性はみとめた上での合憲判決を出しています。

もとより、現行憲法そのものを「みっともない憲法」と決めつける立場からの加憲論とは全く交わる余地のない考え方ですが、憲法の制定と改正を区別し、所定の手続きに従ったとしても改正には内容上の限界がある、とする思考は、憲法の一般理論として内外で論じられてきた主題です。

「とらわれることなく柔軟に議論」する?

国会両院に設けられているそれぞれの憲法審査会(各会派の人数に応じて議員により構成)での審議は、野党側が求めている国民投票制度(第一次安倍政権下で、「日本国憲法の改正手続に関する法律」として二〇〇七年五月成立)の再整備のための審議が進行しないまま、事実上停止した状態にありました。その中で、二〇一九年七月参院選直後での、「とらわれることなく、柔軟な議論を」という首相記者会見での誘導があったのです。

およそ法の制定・改正の手続は、国会が制定・改正する法律について言えば、多岐にわたる国政上の諸問題を扱う立法府に対し、政府提出のものであれ議員提案のものであれ、内容を特定した上でその必要を明確に示すことで始まるものです。その中で、できあがるであろう法律の合理性を支える社会的・経済的・文化的な一般事実、すなわち「立法事実」(legislative facts)が示され、それをめぐる論点が、のちに法律の合憲違憲を争う訴訟で裁判所の結論を場合によって左右する役割を果たすことにもなります。それが、法の制定・改正一般に求められるお作法です。

ましてや憲法は国内法の最高法規（現行九八条一項）としての地位を持ち、それを改正するためには特別のルールが用意されています（同前九六条）。立法事実の考え方を憲法改正にあてはめれば、まだ一般化されていない言葉ですが憲法改正事実、ということになりましょう。

用語法は別として、憲法改正の合理性を支える社会的・経済的・文化的な一般事実の有無と程度が明らかにされることによって、改正により成立した憲法規定の解釈の正当性の有無と程度――さきに触れた「憲法の憲法」という観念を想定すればそれとの関連で適法性までも、と付け加えておきます――が裏づけられる、と考えるのです。

そのような見地からするならば、首相みずからの「とらわれ」なさは、憲法改正を主導しようとするあまり、それをするために備えるべきお作法を欠く、と言うほかありません。

「ポツダム宣言というのは、アメリカが原子爆弾を二発も落として日本に大変な惨状を与えたあと、「どうだ」とばかり叩きつけたものです」（『Voice』二〇〇五・七。傍点樋口）という発言を記録に残しているほど、事実の重みに「とらわれ」ない首相のことです。〝いろんなことをおっしゃっているだけだ、「とらわれることなく」と言うのだから、こちらもテーブルについて言いたいことを言おうではないか〟と言う野党議員が出て来かねない気配も、ないではありません。それに、首相周辺の議員たちからは、両院の憲法審査会で憲法改正内容の審議に入らないのは国会議員の職責に反する行為だ、として、それを強く促さない衆議院議長を交替させるべきだ、とまで言う不規則発言の形で、テーブルへの誘いが発信されてきました。

国会議員の職責とは

そのような誘いを、無邪気な善意とともに受け入れるのが議員の「職責」なのでしょうか。

そもそも、誘われているのは、国民投票のための憲法改正案の発議に直結する政治手続の一部としての憲法審査会での審議です。ここで今から六〇年以上前、岸信介内閣のもとで憲法調査会が始動（一九五七）したときの状況を、現在の状況との違いに読者の注意を促しながら引き合いに出すのは、無駄なまわり道ではないでしょう。

憲法調査会は、憲法改正に熱心だった鳩山一郎内閣のもとで続いた衆議院議員の総選挙（一九五五・二）と参議院通常選挙（一九五六・七）の結果、かえって両院で改憲を阻止できる「三分の一の壁」が出来あがってしまうその時期に制定された法律（一九五六・六公布）により設置されました。そのような成り立ちの文脈からして、戦後第一期の復古的改憲論が考える改憲という目的を実現するための迂回路、という意味を持っていたのです。

とは言え、議員と学識者によって構成され、会長には学界アカデミズムの最長老というべき民法学の我妻栄の就任を求めるなど、調査研究という目的が強調されたのでした。それでも社会党議員は参加せず、そういう状態のもとで、我妻、そして憲法学を代表する立場にあった宮沢俊義と清宮四郎も政府の求めに応じませんでした。

憲法調査会への不参加の理由を、そのとき宮沢はこう説明しています。――「ここでの問題は、憲法改正というひとつの政治問題である」「憲法調査会は……アカデミックな研究サロンではない」「かりに自分の専門とする事項についての審議会とか調査会とかには参加するのが公民としての義務だといえる場合があるとしても、自分のもっている政治的意見に有害な効果をもつと考える場合にも、それに参加する義務があるとはいえない……」(『世界』一九五七・一〇)。

まして、今回の憲法審査会はもっぱら議員によって組織され、憲法改正を発議することに直接結びつく決定をするであろう、純然たる政治の場です。そのような性格の場で議員たち各々が政治上の意見に従って――自分の言動が及ぼす結果に対する責任を自覚しつつ――消極であれ積極であれ有効で適切と考える態度をとろうとすることは、それこそが議員の職責に忠実なゆえんと言うべきです。他の政治課題と並べて憲法改正の重要度を問う世論調査の回答を見ても、憲法改正の優先度は最も低いのが例になっています(例えばNHK世論調査、二〇一九・八・

六公表）。実際、気候変動下の環境破壊と資源枯渇、原子力はじめ高度技術のもたらす問題性、人口動態の偏りと移民問題……など、人間の意思によってコントロールすべき難問への対処という差しせまった課題が、私たちに突きつけられています。その中で「それでもどうしても、憲法改正だけはさせてくれ」という訴えに優先度を与えるかどうか、議員それぞれの見識が問われているのです。

それでも何に「とらわれ」ているのか？

仮に、表むきの言説が決して虚言ではないとしても、それを受け入れることの効果は別ものです。「自民案にとらわれず柔軟に議論」しようという誘いが本気だとしても、それは、そのことによって実は、本当に「とらわれ」ている何物かを実現する手段となる、というふうに。

首相とその周辺は、憲法改正の実現は自由民主党の立党の精神だと強調します。しかし改めて戦後史をおさらいするまでもなく、一九五五年立党時に改憲論の主流を占めていた復古型の主張（天皇「元首」化、「家」制度の復活、「再軍備」）が一九五五～五六年にかけて二つの国政選挙の結果として挫折して以後、歴代の自民党政権は一九四六年憲法の正当性そのものを疑うことはありませんでした。〝占領軍の指示に基づいて決定された憲法は改正することが好ましい〟

とした一閣僚の発言に対し、憲法を改正しないという内閣の姿勢が「政治家の信念として相いれない」ならば「内閣を去ってもらわねばならない」と述べた首相もいたほどです(鈴木善幸首相、『朝日新聞』一九八一・二・一七)。

二〇〇四年当時、自由民主党と民主党が競うように改憲構想を示したときも、日本国憲法が持つ積極的意味に言及した上でのことでした。その時は自民党の内部からも、「復古的なもの(戦前回帰)ではなくて、徹底的に未来志向の姿勢」を強調し、そのためにも「歴史を直視した上で、その悪しきを反省し、良きものは後世に伝えていこう」と語る文書(二〇〇四・一一・一七自民党憲法調査会・憲法改正案起草委員会)が出されていたくらいです。この文書は時間を置かず白紙撤回(一二・四)されていますが、それにしても、自由民主党結党時点の改憲主張がそのまま、党内で責任ある立場によって受け継がれてきたのではありません。

安倍政権は、だからこそ戦後そのものを否定し、従って一九五五年以後の自民党史を否定するところに、その足場を置いてきたと言えましょう。その一点に「とらわれ」るからこそ、その実現のために他のことには「とらわれない」という回り道をもあえて試みる、ということでしょう。

戦後リベラル・デモクラシーからの離反

それでは現政権は何に「とらわれ」ているのか？　言説の面で表に出ているのは「戦後レジームからの脱却」でしょう。その実体は何でしょうか。日本国憲法が「みっともない憲法」と名指しされるとき、制定の経緯が敗戦だったということを越えて、「押し付けられた」内容――「個人」の尊重を「人類普遍の原理」とする憲法の内容――が標的とされているのです。それは端的に言って、戦後西側に共通するリベラル・デモクラシーという価値からの離脱、ということになりましょう。そしてまた、繰り返し言わねばなりませんが、幕末以来、試行錯誤の犠牲を国の内外で強いながらも人類にとって本当の意味で普遍的な――植民地支配の上での繁栄に基づく西洋中心主義の暗部を乗り越える――「立憲ノ政」のありようを求めて来た日本近現代史からの離反、ということになりましょう。

実は今、「戦後レジームからの脱却」の傾向は、戦後リベラル・デモクラシーの中心圏で、二一世紀に入り目につくほどのものになってきています。戦後諸国での公共社会の運用を担ってきた政治勢力のうち、社会民主主義政党を軸とする中道左派は、ネオリベラル以外の選択肢を事実上封じられ、後退を強いられてきました。それに加え、いわゆるリーマン・ショック以降明らかになるネオリベラル路線の破れ目は、もう一方の中道右派にも激震を及ぼしています。

「保守主義のグローバルな危機」という標題を掲げた英誌『エコノミスト』(二〇一九・七・六)の論説は、アメリカ(トランプ現象)、イギリス(EU離脱をめぐる混迷)の「保守」政権は自分自身を定義してきた「価値を投げすてて」、ドイツやスペインで中道右派は「侵蝕され」、フランスやイタリアでは「骨抜き」にされている、という表現で状況をとらえています。そのような見地に立って、この論説は、保守主義を古典的自由主義とともに「啓蒙主義の子」として位置づけ、それを押しのけて進出する「新しい右」(一般に言われる「極右」)を「保守の行き着きではなく拒絶」と呼んでいます。

そのような「新しい右」が、選挙という方法を通じて拡がってゆく中で、警戒と批判の含意をこめて「ポピュリズム」が問題とされるのです。

既成政党の陣取り分布を下敷にしたこの描き方は、日本の現況についてもほぼ当てはまるようです。五五年体制を中道右＝自民と中道左＝社会党の共存(中道右の内側での政権交代と中道左の持つ一定の抑止力の組合せ)と見立て、二〇一二年以後の「新しい右」(但し名称は同じ自由民主党です)をそれと対置すれば、です。かつての中道右＝保守の本流は日本国憲法の「価値を投げすてる」ことはなかった、と考えるならばなお一層そうだった、と言ってよいでしょう(前出六三―六五頁の記述と図を参照)。

「ポピュリズム」の二つのヴァージョン

二〇一六年六月の北米三カ国サミットの記者会見でのオバマ大統領発言の興味あるエピソードを、現場で取材に当っていた記者が紹介してくれています(国末憲人『ポピュリズム化する世界』二〇一六)。

大統領選挙を秋に控え、「トランプ＝ポピュリズム＝悪」という一般世論を背景にした話題の中でオバマは、「誰か辞書を引いて「ポピュリズム」を調べてみてほしい。よく言われるようなものがポピュリズムだと、私は思わないのだけれど」と言って、彼自身取り組んできた「労働者の生活水準や子どもの教育環境のための活動のお陰で、私はポピュリストになることができた」、と語ったのだというのです。

政治学者の中でも、三〇年近く前に専門誌(『フランス政治学雑誌』一九九二・第一号)にカール・シュミットを援用した民主主義論(「シュミットと共に、そして彼にあらがって民主制を考える」)を書いて議論を触発したシャンタル・ムフが、ごく最近『左のポピュリズムのために』(二〇一八)を出しています。

論壇誌のインタヴューに答えて彼女は、ネオリベラリズムが推し進めた「ポスト政治」状況をぬけ出して「政治の復権」をめざすために、現実の対立関係を制度の中に導き入れることを主張するのですが、その際、「直接デモクラシーや〝マルティチュード〟の自己組織化を信じるのではなく」「リベラル・デモクラシーの枠組みの内側に入って深層の諸改革を遂げてゆく」、と言うのです（《L'OBS》［『ヌーヴェル・オプセルヴァトゥール』の後継誌］二〇一八・九・一三）。いっときムフの所説に強い関心を寄せていたフランス、スペイン、ギリシャなどの脱社会民主主義を目指すラディカル左派――一般からは「ポピュリスト性」を批判されることの多い勢力――と彼女の間の距離が開いてきたのは、むしろ自然のように私には思われます。

「左のポピュリズム」というレトリックは、その本籍地とも言えるアメリカで受け皿を見出しつつあるのかもしれません。もともとコトバとしてのポピュリズムは、南北戦争後一八九〇年代に向かっていた政治状況に即して用いられていたものです。

ポピュリズムという「主題」について多様な見方を継続して載せている『ガーディアン』紙の一論稿は「ポピュリズムはジェファーソンからバーニー・サンダースに至る抗議の話法の伝統」であり、「トランプ政治の正当な名は〝デマゴギー〟か〝にせポピュリズム〟だ」（「トランプではない――ポピュリズムは病気でなく治療法なのだ」二〇一八・五・二三電子版）という言い方をし、別の論稿「我らピープル――ポピュリズムを再定義するたたかい」はシャンタル・ムフに言及する中で、「ゴールは静穏なコンセンサスではなく、「闘技するプルーラリズム」、すなわち、対立と不一致が正常なこととして承認され、人びとがお互いを悪魔と見たり戦争したりすることなしに、力を込めて争い合う状態なのだ」と受けとめ、「今問われているのはポピュリズムとどう闘うかではなく、どんなタイプのポピュリストと共にあろうとするのかだ」(同前二〇一九・一一・一〇電子版)、と説いています。

とはいえ、ヨーロッパや日本での普通の言葉づかいで言えば、圧倒的に、「トランプ＝ポピュリズム＝病理」という図式が当てはまるでしょう。そこで描き出されるのは、「左」か「右」かを問わず次のような状況です。

——本当にピープルが草の根から立ち上げるのとは対照的に、大衆を引きつける際立った特性を武器として煽動するリーダーが、内・外の敵＝「奴ら」を標的に仕立て「フェイク」な情報までを操作して少数意見を孤立させようとする。その際、ピープルの名による政治の介入に対し距離を保つことを存在理由とする要素——裁判の独立、行政の専門性、中央銀行の自立性、公論形成者としての報道機関、大学等の研究機関など——は、多かれ少なかれ軽視ないし敵視される。

こう見てくると、ヨーロッパの論壇で警戒されているポピュリズムの側面のうちいくつかのものは、日本の現在にもまさに当てはまっています。但し、一つの点での著しい違いがあります。それは、強力な吸引力を持つリーダーの存在の有無です。

世論調査で内閣を支持する回答理由でつねに最上位は「他の内閣よりよさそうだから」ですし、不支持の理由で多いのは、「(首相の)人柄が信頼できないから」であり、その街頭演説の場所を直前まで明らかにしないことが話題になるのですから、ポピュリスト政治家の煽動に引き回される世論、という図柄が今の状況に当てはまらないことは、確かでしょう。

〈デモクラシー=民主〉と〈リベラル=立憲〉の対置という図式をここであてはめると、どうなるでしょうか。

〈民主〉は人民の意思による決定、〈立憲〉は規範による制約を、それぞれ眼目とします。国内秩序であれ国際秩序であれ、その安定期には、〈民主〉と〈立憲〉は秩序の枠組みの内部で——その程度と具体的なすがたは一様でないにしても——共存していますが、秩序が不安定に向かうと〈民主〉は枠組を壊してその外側に出ようとする。これが悪しきポピュリズムの登場です。〈立憲〉は枠組みの存在を強調することで防戦しようとしますが、最終的には、規範は自己を貫く手段を持ちません。最終的には、枠組みを回復しようとするもう一つのポピュリズム=ピープルの力が登場する——場合によっては大きな犠牲を要する年月を経て——かどうかが、状況をつくって行くでしょう。

ちなみに、第二次大戦で苦境に追いつめられ（イギリス）、敗北して占領下に置かれた本国政府と敵対しながらも（フランス）、戦争指導を遂行したチャーチルやド・ゴールは、ポピュリストと論難されることから最も遠い存在でありながら、危機の中でピープルの力を引き出すことが出来た指導者の例でした。

二〇一九EU議会選挙とポピュリズムの動静

二〇二〇年はアメリカをはじめ多くの国が選挙の年となります。それをも視界に入れた観点から注目された二〇一九年五月のEU議会選挙は、当初、ポピュリズムの勢いに支えられた反EUないしEU懐疑派が大幅に進出することが、危ぶまれていました。

イギリスでEU離脱をめぐる混迷があり、トランプ政権（アメリカ）とプーチン政権（ロシア）によるあからさまなEUへのゆさぶりがあっただけに、一層のことそうでした。EU内部で西欧のEU懐疑派勢力が東欧諸国の政権と気脈を通ずる気配もあり、「彼らはEUというスープにツバを吐きながら、そのスープを飲んでいる」（EUを批判しながら加盟の利益だけは取り込み、しかもそれを政権周辺が私物化している）という痛烈な警句が話題になるほどだったのです。

ＥＵ議会選挙の結果は？　数字だけから読みとることは簡単ではありません。例えば、ＥＵ運営の主軸を担ってきたのはフランスとドイツそれぞれの中道右と中道左だったのですが、ドイツの中道右が参加している「ヨーロッパ人民党」にはハンガリーのオルバン政権与党(極右)も加わってきた、というふうなねじれがあるからです。

そういう事情も勘案した上で言えば、中道右と中道左の退潮(但しフランスでマクロン新党進出)のかわりに環境派が伸び(ドイツでは第二党)、反ＥＵの極右はイギリス離脱後の数字を念頭に入れれば議席減となり、ＥＵは、今後予想される運営のむずかしさはあっても、イギリスの混乱を反面教師として、少なくとも一旦、落ち着きを取り戻した観があります。

何より、過去二〇年で最高の投票率(五〇・六二パーセント)を記録(特にドイツは六一・四一パーセント)し、とりわけ若い世代の投票率が高かったことは、危機意識の反映であっただけに、ＥＵを活性化し、それぞれの国内にも健康な波及効果をもたらすことが期待できるでしょう。

例えば、政権の腐敗を追及する若いジャーナリスト夫妻が暗殺されたスロバキアで、抗議する人たちの中から人権活動家の元弁護士Ｚ・チャプトヴァが大統領に選出されていました(二〇一九・三)。ＥＵ選挙のあと、彼女は改めて、名目的な権能しか持たない大統領ながら国を対外的に代表する元首の立場で、ＥＵとの連帯の意味を強調しています(『ル・モンド』二〇一九・

七・二八―二九インタヴュー)。

イギリスEU離脱――ポピュリズムvs.最高裁

イギリスがEU離脱問題の最終処理に向かいながらも混迷からぬけ出せないまま、EUから示されていた二〇一九年一〇月三一日という期限を目前にしている中で、合意なき離脱も辞さないという主張を掲げてきたボリス・ジョンソンが政権につき、国会を五週間(九・九―一〇・一四)停会にするという手段に出ました。この措置が法廷で争われ、最高裁判所は長官レディ・ヘイル以下裁判官全員一致で、女王に対する首相の助言を違法無効とする判断を下し(二〇一九・九・二四)、翌日、下院の議事が再開されました。元最高裁判事のジョナサン・サンプション卿が『タイムズ』紙で発言し(九・二五)、「政治は裁判所のビジネスでない」という持論を述べながらも、本件は「政治ではなく手続」の問題だという理解を示した上で、「受け入れられる」とコメントしました(但し、記事の扱いは、女王が首相の違法な助言を受け入れざるをえない立場に追いこまれないようにするために補佐する機関を設けよう、という議論を同じ彼が公にしたとき(同紙七・一八)とくらべて異様なほど小さく、それは社論との距離を反映しているのでしょう)。

元最高裁判事は、国王大権を行使させることによって議会に向けての「アカウンタビリティ」を免れるという「憲法壊し」(constitutional vandalism)がきっかけとなって、これまで憲法習律(政治部門の間で従わなければならないとされてきた conventions)にゆだねられてきた事項が憲法法律(裁判所によって適用される law)となってしまったことを「残念」としながらも、習律も法律も及ばない政府の行動を放置するよりはましだ、と言うのです。一方、裁判所の判断には従うと言いながらも、再開された議事で首相は「われわれを注視している民衆がいる」「政府はその民衆を裏切らない」と語り、議会に対抗して people を旗印に掲げ、ますます強気に出ています。法務長官も同様に国会への攻撃的な発言で反撃、最後にバーコウ議長が「責任ある言葉を使い、相手方にできる限りの敬意を示すことはわれわれの義務だ」と結ぶほどでした。

一連の経過を〝イギリス法を作り直したもの〟と受けとるか、〝有権解釈こそが法を決める——法行為を最終的に解釈する者が法内容を決める——という一般論が当てはまるだけだ〟という見方をするか、それは分かれるところでしょう。ここでは、政府が国会と裁判所からの抵抗に対して〈ピープル〉を援用するすがたが典型的に現われ、抵抗が強ければ強いほどポピュリズムが逆に力を得る、という構図が浮き彫りになること、そして、その構図は、強烈な個性で〈ピープル〉を引きつける指導者が存在するとき典型的に目に見えるようになること、が論点です。

二〇一九年参院選から読みとる日本のいま

ＥＵ議会選挙から二カ月あまりを経た二〇一九年七月、日本の参議院議員選挙は、東アジアでの米中経済の緊張の高まりと米朝間政治トップの奇妙で危険な関係、国内での生活格差の拡大、という状況の中で行われました。ＥＵ議会選挙と国内の議会選挙の性格の違い、総有権者の数と規模のへだたりを考えれば数字以上に対照的なのは、ＥＵ議会選の投票率がＥＵ圏拡大前を別にすれば最高の五〇・六二パーセントだったのに対し、参院選の投票率は史上二番目に低い四八・八〇パーセントにとどまったということでした。

二〇一二年一二月、衆議院議員総選挙の結果として成立した政権は、ほぼ七年の間に三度の衆院選と三度の参院選を通し、合計六度にわたり有権者の信任を得ています。その中で、今回の選挙結果から読みとることができる新しい要素があります。

安倍首相が強い方向性を持った改憲論者であることは公知の事柄だったとしても、今回ほど正面から重要主題として憲法改正の必要を選挙演説で訴えたことはありませんでした。それだけに、定員一人区での与党と野党系の対決構図がメディアの関心の的となる中で、首相自身が公示後に遊説に入った一人区一二のうち八つの選挙区で、応援した候補が落選したことは、自民党の改選議席＝六七に対し当選者＝五七という数字と合わせ、意味を持つ事実と言うべきでしょう。そこには、現首相がかねてから目指してきた憲法改正に対する抑止力が、危ういながらも有権者の間に維持されていることが示されているからです。

それにしても、参院選としては戦後二番目に低かった投票率の中で長期政権が続き、日本政治史上の最長記録を更新する可能性も言われています。

「とらわれない」に囚われてよいか

外から見られている日本政治の今日像はどうでしょうか。

対外関係ではトランプのアメリカとの尋常ならざる間柄、米中、米イラン関係のはざまに立つ困難、ロシア、北朝鮮、加えて韓国それぞれとの間での外交関係の停滞が、日本像を影の薄いものにしていることは、否めません。

その反面、国内状況については、リベラル・デモクラシーの世界でも稀な安定例と見る向きが、決して少なくありません。各種の世論調査での内閣支持率は決して高くないものの、四〇パーセント台を上下しつつ長期政権を維持しており、前述したように、ポピュリズムの危険も少ないようだという見方です。

当面の問題は別のところ、「自民案にとらわれない」そうだから改憲のテーブルにつこう、という誘いにあります。言ってみれば「とらわれない」に囚われる危険です。たまたま目に入った新聞の投書欄が、私の危惧を裏書きしているようです。どちらも、相当以上の憲法に関する知識を備え、それ自体としては適切でありうる改革の提案をもしているだけになお一層、です。

一つは六九歳の読者。――「……現実は、首相官邸(内閣)が権力を一手に握り、国会は官邸の意向に沿って審議を進め、裁判所は「高度に政治性を帯びた国家行為は司法審査になじまない」と自主規制する」ことを憂うる投書者は、いくつかの項目を挙げて提唱をした上で、「民主主義は多数決と同時に少数意見の尊重が肝心だ。少数政党が国政調査権を行使できれば、内閣の専横に歯止めがかけられる。国政のゆがみを正すには改憲も避けられないと思う」と結論します(『朝日新聞』二〇一九・一・二〇)。

もう一つは七〇歳の読者から――七月参院選直後の首相記者会見での「誘い」について、「先の通常国会では四月以降、予算委員会が開かれず、議論の場を封殺したのに、随分と勝手ではないか」と批判した上で、「国会改革するための改憲なら大賛成だ。例えば、国会を通年開けるようにする。……「森友学園」「加計学園」問題の質疑も他法案の審議時間に影響を与えることなく、徹底審議できる。……また内閣の衆院解散権も恣意的に行使されないよう、解散要件を憲法に規定したい」と提言し、「国会改革こそ、改憲の最重要事項だ」、と結論するのです(同前二〇一九・八・一九)。

自分たちの考える中身の〝あるべき憲法〟を議論し合うという「百花斉放のすすめ」(前出II 3)それ自体は大切なことです。挙げられている論点のうち例えば通年国会は、少数派の抵抗により会期切れで法案を継続審議や廃案に追い込むことを、不可能にするでしょう。それで本当によいのか、議論し合うことも大いに意味あることでしょう。その上でのこととして、自分たちの考える内容の「改憲」を実現するための、手間のかかる前提づくりが大切なのです。自分たちそれぞれの主張の中身を国政の場で受け止めようとする政治家を――いまの与野党の仕切りを越えて一人でも多く――有権者の手で育ててゆくという正道を辛抱づよく切り開き続けること。一九五〇年代に経験したこと(前出一六八―一七〇頁)は、ひとつの示唆となるはずです。

おわりに

この本の第Ⅰ章から第Ⅲ章1までは、二〇一四年から一八年にかけてそれぞれの機会に講演、講義をしたことを機縁とし、今回あらためて口述したものを基礎としている。

Ⅰは、二〇一八年一二月一日(東京女子大学)、丸山眞男記念比較思想研究センター主催の第一八回丸山眞男文庫記念講演会で話をした「リベラル・デモクラシーの現在――その中で日本国憲法を「保守」する意味」の内容をもとにして大幅に記述をふやした。講演そのものの問題意識は、上記センターの『報告』第一四号(二〇一九・三)に寄稿した講演要旨(五―八頁)で鮮明にしておいたつもりである。

Ⅱは、二〇一八年九月二二日(京都大学楽友会館)、「日高六郎を語る会」(その年六月一〇一歳で亡くなられた)の際「講演」として発言を求められ、「「人形となっていない人間を」――日高さんの憲法論」と題して話した内容に、その原形を残しつつ加筆した文章である。日高さんのフランス移住の生活に関連して私がささやかなお役に立ったことがあり、それをきっかけに、パリ近郊の瀟洒なお宅に何度も伺って御馳走になりながら万般の話題をたのしんだことを、感謝の思いとともに回想する。

Ⅲ1では、二〇一四年六月コレージュ・ド・フランス(パリ)での講義「日本近代における〈個人〉の観念の軌跡――非西欧社会での知の歴史にとって鍵となる観念を比較憲法学の観点から考察する」のごく一部を取り出し、それからの展開をこころみた。

Ⅲ2・3は、旧稿を利用した上で二〇一九年の〝いま〟の内外の状況を考える私としての視角を示し、できることならば読者との対話を触発するものになれば、と願っている。

再校を終えたところで、この本と問題関心をそのまま共有すると思われる出版物の存在を『ル・モンド』紙(二〇一九・一〇・三一)の書評記事で知った。Ivan Krastev et Stephen Holmes, *Le moment illibéral*, Fayard(『イリベラルという現在』)である。英語からの翻訳なので共著者名を検索したところ、同じ共著者によって *The Light that Failed — A Reckoning*, Penguin Books(『光は衰えゆく――最後の審判日』)が、フランス語訳とほぼ同時期のこととし一〇月に出ていることを知り、その電子版を取り寄せた(フランス語訳書は未見)。共著者のうちI・クラステフは広く米・欧に読者を持つブルガリアの現代思想史家、S・ホームズは内外のシンポジウムなどでよく顔を合わせ、思想史分野の研究で私も知的刺戟を受けること多いアメリカの憲法学者である。二人の著者は、ポスト冷戦の三〇年を経た現在を「imitation の時代の終り」と呼び、三〇年間の経験を自由にとって意味あるものとして生かすことによって、悲劇を歎くのでなく希望を選択しよう、と結ぶに際し、キプリングの *The Light that Failed*(1890)に言及する。この書名を二人が標題に選んだこと——人によっては新約聖書ルカ伝の while the sun's light failed(二三章四五節)まで遡って、と言うかもしれない——の含意はどこにあるのか。あるいは、その含意を越えて読者が何を読みとることができるか。もとよりここでは、それ以上筆を進めることはできず、キプリングの最初の小説につき、不躾な質問への懇切な答えを惜しまれなかった川本皓嗣氏に御礼を申し上げつつ、他日を期す他ない。

あらためて、私の教職生活の出発期に学生だった二人の友人の力添えに、感謝しなければならない。同学の中村英君は、再校刷が出た段階で、校正のほか不注意による誤りや私の記憶違いについて適切な指摘をしてくれただけでなく、短い時日の間にいくつかの点につき周到な裏付けの調査までを果たして下さった。もう一人の高木邦彦君は既に数年の長きにわたり、『ザ・ガーディアン』紙をはじめ英語メディアの言論状況を逐次的に提供する労をいとわず、私自身日刊紙としては世界規模(mondial)の情報を『ル・モンド』一紙に頼っていることの欠を補ってくれている。そして、last, but not least――岩波書店の伊藤耕太郎さんには、一〇年刻みで書いてきた新書との縁をこのような形でしめくくるのを助けて頂いたことに、感謝する。

樋口陽一

二〇一九年一一月

樋口陽一

1934年生まれ．憲法専攻．1957年東北大学法学部卒業．東北大学法学部，パリ第2大学，東京大学法学部，上智大学法学部，早稲田大学法学部などで教授・客員教授を歴任．日本学士院会員．
主要著作─『近代立憲主義と現代国家』(1973年，勁草書房)，『比較のなかの日本国憲法』(1979年，岩波新書)，『自由と国家──いま「憲法」のもつ意味』(1989年，岩波新書)，『憲法と国家──同時代を問う』(1999年，岩波新書)，『憲法という作為──「人」と「市民」の連関と緊張』(2009年，岩波書店)，『抑止力としての憲法──再び立憲主義について』(2017年，岩波書店)他多数．

リベラル・デモクラシーの現在
──「ネオリベラル」と「イリベラル」のはざまで

岩波新書(新赤版)1817

2019年12月20日　第1刷発行
2020年 2 月 5 日　第2刷発行

著　者　樋口陽一《ひぐちよういち》

発行者　岡本　厚

発行所　株式会社 岩波書店
〒101-8002 東京都千代田区一ツ橋2-5-5
案内 03-5210-4000　営業部 03-5210-4111
https://www.iwanami.co.jp/

新書編集部 03-5210-4054
http://www.iwanamishinsho.com/

印刷・理想社　カバー・半七印刷　製本・中永製本

ISBN 978-4-00-431817-0　Printed in Japan

岩波新書新赤版一〇〇〇点に際して

ひとつの時代が終わったと言われて久しい。だが、その先にいかなる時代を展望するのか、私たちはその輪郭すら描きえていない。二〇世紀から持ち越した課題の多くは、未だ解決の緒を見つけることのできないままであり、二一世紀が新たに招きよせた問題も少なくない。グローバル資本主義の浸透、憎悪の連鎖、暴力の応酬——世界は混沌として深い不安の只中にある。

現代社会においては変化が常態となり、速さと新しさに絶対的な価値が与えられた。消費社会の深化と情報技術の革命は、種々の境界を無くし、人々の生活やコミュニケーションの様式を根底から変容させてきた。ライフスタイルは多様化し、一面では個人の生き方をそれぞれが選びとる時代が始まっている。同時に、新たな格差が生まれ、様々な次元での亀裂や分断が深まっている。社会や歴史に対する意識が揺らぎ、普遍的な理念に対する根本的な懐疑や、現実を変えることへの無力感がひそかに根を張りつつある。そして生きることに誰もが困難を覚える時代が到来している。

しかし、日常生活のそれぞれの場で、自由と民主主義を獲得し実践することを通じて、私たち自身がそうした閉塞を乗り超え、希望の時代の幕開けを告げてゆくことは不可能ではあるまい。そのために、いま求められていること——それは、個と個の間で開かれた対話を積み重ねながら、人間らしく生きることの条件について一人ひとりが粘り強く思考することではないか。その営みの糧となるものが、教養に外ならないと私たちは考える。歴史とは何か、よく生きるとはいかなることか、世界そして人間はどこへ向かうべきなのか——こうした根源的な問いとの格闘が、文化と知の厚みを作り出し、個人と社会を支える基盤としての教養となった。まさにそのような教養への道案内こそ、岩波新書が創刊以来、追求してきたことである。

岩波新書は、日中戦争下の一九三八年一一月に赤版として創刊された。創刊の辞は、道義の精神に則らない日本の行動を憂慮し、批判的精神と良心的行動の欠如を戒めつつ、現代人の現代的教養を刊行の目的とする、と謳っている。以後、青版、黄版、新赤版と装いを改めながら、合計二五〇〇点余りを世に問うてきた。そして、いままた新赤版が一〇〇〇点を迎えたのを機に、人間の理性と良心への信頼を再確認し、それに裏打ちされた文化を培っていく決意を込めて、新しい装丁のもとに再出発したいと思う。一冊一冊から吹き出す新風が一人でも多くの読者の許に届くこと、そして希望ある時代への想像力を豊かにかき立てることを切に願う。

（二〇〇六年四月）

政治

日米安保体制史　吉次公介
官僚たちのアベノミクス　軽部謙介
在日米軍　変貌する日米安保体制　梅林宏道
憲法改正とは何だろうか　高見勝利
共生保障〈支え合い〉の戦略　宮本太郎
シルバー・デモクラシー　戦後世代の覚悟と責任　寺島実郎
憲法と政治　青井未帆
18歳からの民主主義　岩波新書編集部編
検証　安倍イズム　柿崎明二
右傾化する日本政治　中野晃一
外交ドキュメント　歴史認識　服部龍二
日米〈核〉同盟　原爆、核の傘、フクシマ　太田昌克
集団的自衛権と安全保障　豊下楢彦・古関彰一
日本は戦争をするのか　半田滋
アジア力の世紀　進藤榮一
民族紛争　月村太郎
自治体のエネルギー戦略　大野輝之
政治的思考　杉田敦
現代日本の政党デモクラシー　中北浩爾
サイバー時代の戦争　谷口長世
現代中国の政治　唐亮
日本の国会　大山礼子
戦後政治史〔第三版〕　石川真澄・山口二郎
〈私〉時代のデモクラシー　宇野重規
大臣〔増補版〕　菅直人
生活保障　排除しない社会へ　宮本太郎
「ふるさと」の発想　西川一誠
「戦地」派遣　変わる自衛隊　半田滋
民族とネイション　塩川伸明
昭和天皇　原武史
集団的自衛権とは何か　豊下楢彦
沖縄密約　西山太吉
ルポ　改憲潮流　斎藤貴男
吉田茂　原彬久
安心のファシズム　斎藤貴男
市民の政治学　篠原一
東京都政　佐々木信夫
有事法制批判　憲法再生フォーラム編
日本政治　再生の条件　山口二郎編著
安保条約の成立　豊下楢彦
岸信介　原彬久
自由主義の再検討　藤原保信
一九六〇年五月一九日　日高六郎編
日本の政治風土　篠原一
近代の政治思想　福田歓一
日本精神と平和国家　矢内原忠雄

法律

- 治安維持法と共謀罪　内田博文
- 裁判の非情と人情　原田國男
- 独占禁止法〔新版〕　村上政博
- 密着 最高裁のしごと　川名壮志
- 「法の支配」とは何か 行政法入門　大浜啓吉
- 会社法入門〔新版〕　神田秀樹
- 憲法への招待〔新版〕　渋谷秀樹
- 比較のなかの改憲論　辻村みよ子
- 大災害と法　津久井進
- 変革期の地方自治法　兼子仁
- 原発訴訟　海渡雄一
- 労働法入門　水町勇一郎
- 人が人を裁くということ　小坂井敏晶
- 知的財産法入門　小泉直樹
- 消費者の権利〔新版〕　正田彬
- 司法官僚 裁判所の権力者たち　新藤宗幸
- 名誉毀損　山田隆司

- 刑法入門　山口厚
- 家族と法　二宮周平
- 憲法とは何か　長谷部恭男
- 良心の自由と子どもたち　西原博史
- 著作権の考え方　岡本薫
- 有事法制批判　憲法再生フォーラム編
- 法とは何か〔新版〕　渡辺洋三
- 民法のすすめ　星野英一
- 日本社会と法　渡辺洋三・甲斐道太郎・広渡清吾・小森田秋夫編
- 日本の憲法〔第三版〕　長谷川正安
- 憲法と天皇制　横田耕一
- 自由と国家　樋口陽一
- 憲法第九条　小林直樹
- 納税者の権利　北野弘久
- 小繋事件　戒能通孝
- 日本人の法意識　川島武宜

カラー版

- カラー版 国芳　岩切友里子
- カラー版 知床・北方四島　大泰司紀之・本間浩昭
- カラー版 西洋陶磁入門　大平雅巳
- カラー版 すばる望遠鏡の宇宙　海部宣男・宮下曉彦写真
- カラー版 ベトナム 戦争と平和　石川文洋
- カラー版 難民キャンプの子どもたち　田沼武能
- カラー版 メッカ　野町和嘉
- カラー版 シベリア動物誌　福田俊司
- カラー版 ハッブル望遠鏡が見た宇宙　野本陽代・R・ウィリアムズ
- カラー版 妖怪画談　水木しげる

岩波新書/最新刊から

1810
放送の自由
―その公共性を問う―
川端和治著
放送倫理とは何か。自主・自律の取り組みで放送の自由を守れるか。「放送と通信の融合」の時代を見据えて、その公共的役割を考える。

1811
大岡信『折々のうた』選
俳句(一)
長谷川櫂編
詩人大岡信のライフワーク『折々のうた』。「俳句」「短歌」「詩と歌謡」に再編集して贈る全五巻。本巻は古典主義俳句を収録。

1816
「孤独な育児」のない社会へ
―未来を拓く保育―
榊原智子著
ワンオペ育児、産後うつ。保育所やこども園は支えになるのに、なぜ建設反対や育休中の退園等が起きるのか。将来への道筋も描く。

1812
大岡信『折々のうた』選
俳句(二)
長谷川櫂編
一茶に始まり、子規、虚子、楸邨、龍太へと継承されてゆく近代俳句。大岡信の読みとともに学ぶ、俳句クロニクルの第二巻。

1817
リベラル・デモクラシーの現在
―「ネオリベラル」と「イリベラル」のはざまで―
樋口陽一著
戦後西側諸国の共通基準であったリベラル・デモクラシーが世界的な危機に直面するなか、座標軸をどこに求めたらよいのか考える。

1818
レバノンから来た能楽師の妻
梅若マドレーヌ著
竹内要江訳
内戦を逃れ来日した女子高校生が伝統芸能の世界に入ることに。能を世界に発信し、子育てや介護に奔走する人生の賛歌を綴る。

1819
水墨画入門
島尾新著
果てしなく豊かで、愉しい水墨の世界。東アジアの筆墨文化に広く目くばりしながら、その歴史・思想・作品・技法を縦横に読み解く。

1820
『広辞苑』をよむ
今野真二著
引くだけではなく考える。それが辞書を「よむ」ということだ。日本語学者がいざなう『広辞苑』の世界。いざ、ことばの小宇宙へ。

(2020.1)